HB Bild atlas

W0345696

Liebe Leserinnen, liebe Leser!

Der Fotograf Markus Kirchgessner war für den HB Bildatlas mehrmals auf Malta. Am meisten begeistert hat ihn die Liebenswürdigkeit der Malteser und ihre Freude an Festen.

Gabriele Walter, freie Autorin vor allem von Reiseliteratur, bereist Malta seit Jahren.

Südlich von Sizilien, zwischen Afrika und Europa, liegen drei Inseln im Mittelmeer: Malta, die größte, die dem Archipel auch den Namen gab, Gozo und das winzige Eiland Comino. Dreh- und Angelpunkt des Tourismus ist Malta, das seit Jahrzehnten einen Spitzenplatz unter den Reisezielen im Mittelmeer belegt. Gründe für die enorme Beliebtheit gibt es genug. Vielen Besuchern genügt schon die Tatsache, dass auf Malta bereits milde 20 Grad herrschen, wenn man anderswo in Europa noch unter winterlichen Temperaturen stöhnt. Doch diesen Vorteil haben andere Mittelmeerinseln auch.

Einzigartig ist Malta vor allem in kultureller Hinsicht, denn die Inselgruppe kann auf eine lange Besiedlungsgeschichte zurückblicken. Nicht nur Geschichtsbegeisterte versetzen die monumentalen Megalithtempel von Hagar Qim, Mnajdra oder Tarxien in sprachloses Staunen. Geprägt hat die Insel aber vor allem die Herrschaft der Johanniter, denen man bei einem Spaziergang auf den Festungen von Valletta oder bei der Besichtigung des Großmeisterpalastes nachspüren kann.

Obwohl Malta in der Geschichte immer wieder zum Spielball fremder Mächte wurde, werden ausländische Gäste heute mit großer Freundlichkeit und Offenheit aufgenommen. Diese wiederum lieben an ihren Gastgebern vor allem die mediterrane Gelassenheit und Lebensfreude, aber auch das Selbstbewusstsein einer kleinen Inselnation.

Ihr HB-Bildatlas-Team

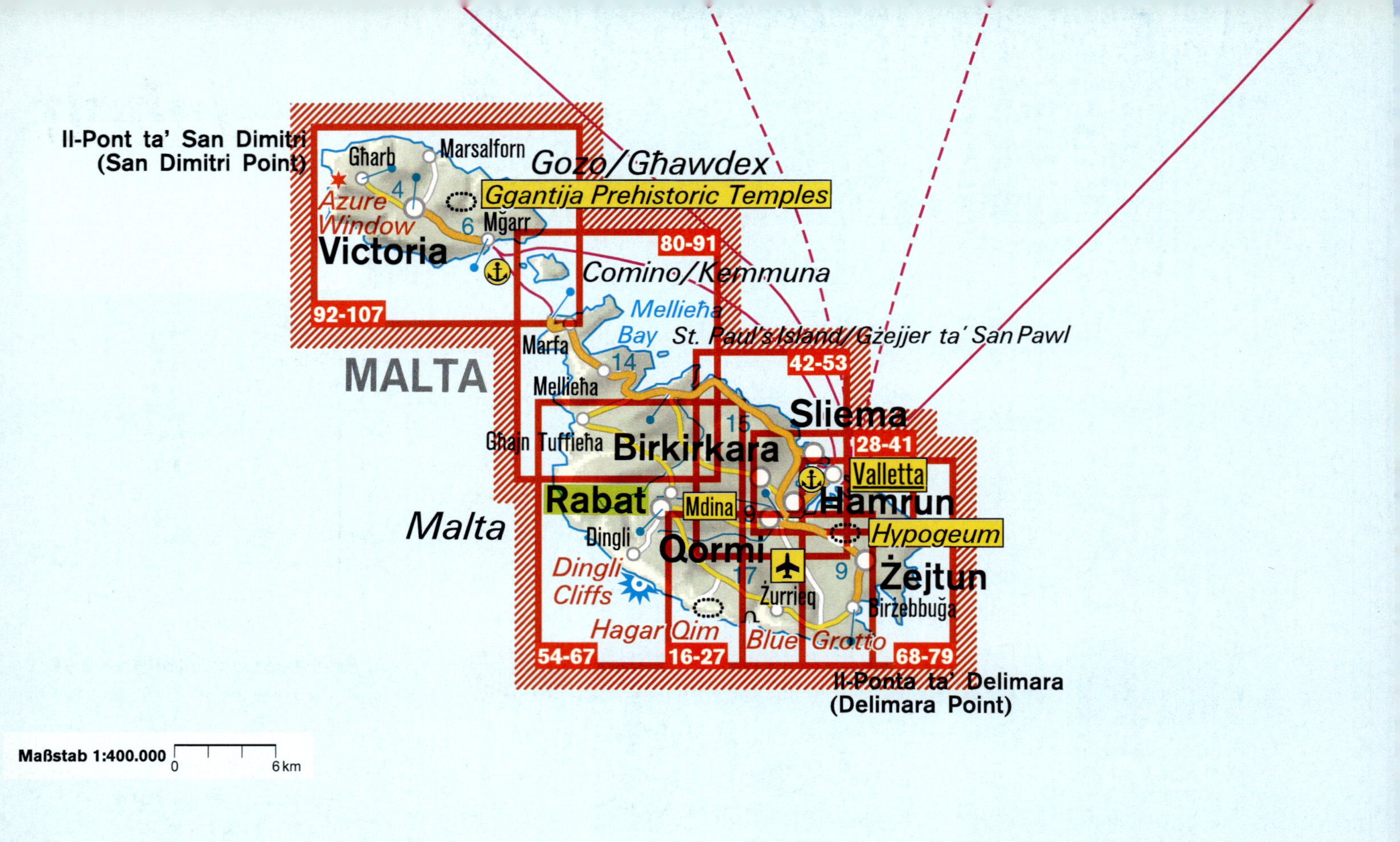

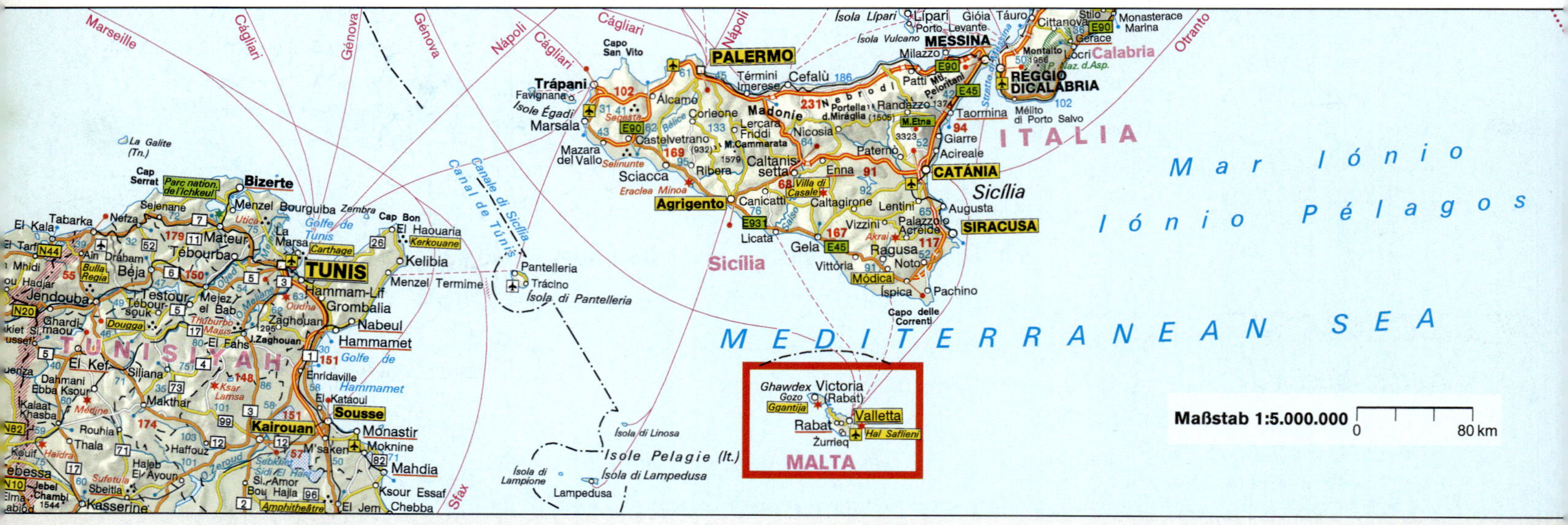

Typisch für Valletta: Holzerker an den Häusern

Wenn die Lichter angehen, füllen sich die Restaurants in der Spinola Bay von St. Julian's

Inhalt

TOP ZIEL
BESONDERS SEHENSWERT

TA MIEMA

Hafen-atmosphäre

Kleine, bunt bemalte Luzzi-Boote dümpeln im Wasser, Fischer reparieren ihre Netze, die Luft riecht nach Meer und Fisch: In den Hafenorten von Malta und Gozo – hier Mgarr auf Gozo – ist der Fischfang allgegenwärtig, obwohl er für die Wirtschaft des Inselstaates nur eine bescheidene Rolle spielt.

Unter freiem Himmel

Über zu viel Kälte können sich die Malteser nicht beklagen, im Gegenteil: In den heißen Sommermonaten sucht man schon mal ein schattiges Plätzchen. Während man sich dort zu einem Plausch trifft oder einfach nur die Beine ausstreckt, sorgt eine kleine Combo für Unterhaltung.

Steiles Pflaster

Die felsige Halbinsel, auf der Valletta gebaut wurde, hat der Stadt ihre spezielle Physiognomie abverlangt: Alle Straßen, die quer zur Hauptachse auf dem Grat verlaufen, haben eine ordentliche Steigung. San Francisco lässt grüßen!

LELI'S

Idylle im Abseits

Gozo ist bei weitem noch nicht so touristisch wie Malta und noch sehr ländlich geprägt. Wein und Gemüse, Getreide und Südfrüchte werden auf den Terrassen angebaut, die sich die Hänge hinauf ziehen. Gänzlich karg dagegen ist die winzige Insel Comino, die zwischen Malta und Gozo liegt.

Festung des Katholizismus

Die Kirche spielt auf Malta immer noch eine wichtige Rolle. Besonders für die ältere Generation ist die Religionsfrage deshalb mehr als nur ein reines Lippenbekenntnis. Auch in die St. John's Co-Cathedral in Valletta kommen – neben den ausländischen Besuchern – viele Malteser zum Gebet und zur stillen Andacht.

Reise in die Vergangenheit

In den meisten europäischen Staaten beginnt die ›greifbare‹, durch Bauwerke erfahrbare Geschichte in der Römerzeit, bei manchen sogar erst im frühen Mittelalter. Nicht so in Malta. Der kleine Inselstaat, der in grauer Vorzeit mit dem europäischen Festland verbunden war, entführt den Besucher mit seinen Tempeln und Grabstätten in die Jungsteinzeit. Bautechnisch und künstlerisch sind die Kultstätten Zeugnisse einer hoch entwickelten Kultur, die etwa um das Jahr 2500 v. Chr. plötzlich ein abruptes Ende fand – warum, konnte bis heute nicht mit Sicherheit geklärt werden.

Riesige, senkrecht aufgestellte Steinblöcke bilden die Außenmauern der Tempel von Hagar Qim und Mnajdra.

▲ Nicht nur die Tempelmauern von Hagar Qim trotzen dem Wind ...

▲ Riesige Orthostaten bilden die Außenmauer von Hagar Qim

▼ Mnajdra

▲ Er passt auf, dass alle Steine am Platz bleiben

▲ *Die Tempelanlage von Mnajdra ...*

▼ *... wird von Touristen aus aller Welt besucht*

Paola, Buriel Street. Ein modernes Wohnviertel und ein unscheinbarer Hauseingang, wie es viele gibt auf Malta. Eine Wendeltreppe führt hinunter ins Untergeschoss, und plötzlich ist man in einer anderen Welt, in einer anderen Zeit. Man betritt einen nur spärlich beleuchteten Raum. Ockerfarbene Spiral- und Rankenmuster überziehen Wände und Decken. Die Stimme des Museumsführers klingt hier wie ein Orakel, das von den Felswänden zurückgeworfen wird und durch die dunklen Hallen davonzuschweben scheint. Hypogäum von Hal Saflieni heißt der Höhlenkomplex, der sich auf drei Ebenen ausdehnt und bis zu elf Metern in die Tiefe reicht. 33 Räume, Nischen und Grabkammern, die in der Jungsteinzeit vermutlich als Stätte eines Fruchtbarkeitskultes unter einer weiblichen Priesterschaft genutzt wurden.

SPECIAL

The Sleeping Lady

Unter den vielen Votivgaben, die man im Hypogäum von Hal Saflieni fand, ist eine ganz besonders interessant. Die Rede ist von der nur 12 cm großen, auf einer Liege ruhenden Terrakotta-Figur, die heute im Archäologischen Museum von Valletta bestaunt werden kann. Vermutlich stellt die bezaubernde Plastik eine Priesterin dar, die – was noch in der Antike praktiziert wurde – im Tempelschlaf die Weisungen der göttlichen Macht erhält.

Räume für den Totenkult

Erwiesen ist, dass in Hal Saflieni auch Tote bestattet wurden. Dies belegen die Skelette von rund 7000 Menschen, die man bei Grabungen hier fand. Vermutlich waren es noch viel mehr, geschätzt wird die Zahl auf 30000. Da man fast nur Frauenskelette fand, kam man zu der Annahme, dass hier nur eine bestimmte Kaste, nämlich die Priesterinnen der nahen Tempel, bestattet wurden. Man legte die Toten in Felsennischen, die die Form eines Embryos hatten.

▲ *Opferloch im Tempel von Tarxien*

▼ *Übungslauf für das nächste Trabrennen*

▲ *Grüne Oase beim Tempel von Tarxien*

▼ *Spiralsteine aus Tarxien*

▼ *Unterirdisches Labyrinth: das Hypogäum von Hal Saflieni*

▼ *Ländliche Idylle*

Der im Hypogäum ausgeübte Totenkult steht im Zusammenhang mit den Fruchtbarkeitsriten in den oberirdischen Tempeln Maltas. Die Tempel dienten als Verbindungsglied zwischen der realen Welt und dem ewigen Schlaf, zwischen dem Sonnenlicht und der Mutter Erde, die gemeinsam alles Leben hervorbringen.

Spiegelbild der Tempel

Das Hypogäum war in gewisser Weise ein Ort der Reinkarnation im Bauch der Erde. Architektonisch kann man die unterirdische Anlage auch als eine Art Spiegel- und Vorbild zu den oberirdischen Tempeln betrachten. So findet sich beispielsweise in der Haupthalle des Hypogäums das Eingangsportal eines Tempels, und die Kapelle des Allerheiligsten erweckt den Eindruck eines Kragsteinbaus mit einer Öffnung zum Himmel. Wenn die Sonne im Westen unterging, dann warf sie ihr Licht für einen Moment in diesen Raum. Schon allein deshalb ist das Hypogäum eine architektonische Meisterleistung der Megalithkultur.

Spätphase des Tempelbaus

In der Nähe des Dorfes Qrendi leuchten dem Spaziergänger die hellen Megalithblöcke von Hagar Qim entgegen. Schreitet man durch das trutzige Trilithportal der Anlage, erblickt man in der ersten Apsis ein Musterexemplar eines so genannten Fenstersteins. Dazu ein Altartischchen mit der Gravur einer zwölfblättrigen Topfpflanze, ein Spiralstein und ein Megalith mit einem Tierfries. Interessant ist auch die kleine Nische in der rechten Außenwand des Tempels, wo eine konische Säule mit einer trapezförmigen Steinplatte steht. Angeblich verkörpern sie die menschlichen Geschlechtsorgane. Im Tempel von Hagar Qim vermisst man allerdings die symmetrische Ausgeglichenheit in der Anordnung der Apsiden – Zeichen für einen neuen Baustil in prähistorischer Zeit.

Priesterinnen und Magna Mater

In den Tempeln und Grabstätten aus der Jungsteinzeit wurden zahlreiche Votivgaben gefunden, die uns ein Bild vermitteln von den handwerklichen Fähigkeiten und den künstlerischen Ausdrucksmöglichkeiten der Megalithkultur: Keramikwaren,

▲ Die Prozession zu Ehren von San Nikola ...

▼ ... ist ein viel beachtetes Ereignis in Siggiewi

▼ Pfarrkirche von Zebbug

▼ Auf der Fahrt zur Blauen Grotte

▲ *Siggiewi: kleiner Ort mit großer Kirche* ▼ *Nur mit dem Boot zu erreichen: die Blaue Grotte*

Schmuck, Amulette und weibliche Statuen. Bei letzteren handelt es sich meist um Priesterinnen, die in sitzender Position oder liegend wie die ›Sleeping Lady‹ dargestellt sind, oder um Figuren der Muttergöttin ›Magna Mater‹. In Hal Tarxien entdeckten die Ausgräber die untere Partie einer fast 3 m hohen Göttinnen-Statue, die heute im Archäologischen Museum von Valletta ausgestellt wird. Auffällig sind die ungewöhnlichen Proportionen wie z. B. die keulenförmigen Beine und der rätselhafte Plisseerock. Niemand weiß, wo die restlichen Teile der wohl ältesten Kolossalstatue Maltas geblieben sind. Ihr Haupt jedenfalls konnte, wie bei allen größeren Statuen, wahrscheinlich lose gegen andere Köpfe ausgetauscht werden.

SPECIAL

Magische Räume

Wie immer, wenn von einem Bauwerk nur Ruinen oder Teile erhalten sind, taucht die Frage auf, wie diese Anlage wohl ursprünglich ausgesehen haben mag – so auch bei den Megalithtempeln von Malta. Vieles in Bezug auf ihre Form und Funktion konnte mittlerweile nachgewiesen werden, einiges bleibt aber nach wie vor Spekulation. Obwohl die Megalithtempel auf Malta in einem Zeitraum von etlichen Hundert Jahren entstanden sind, folgen sie alle einem ähnlichen Bauprinzip. Der Grundriss der älteren Tempel erinnert mit einem Mittelgang und drei halbrunden Apsiden an ein Kleeblatt, während die ab etwa 3500 v. Chr. entstandenen Heiligtümer aus zwei durch einen Gang miteinander verbundenen, ovalen oder nierenförmigen Räumen bestanden. Ihre Wände verliefen nicht gerade, die Räume waren meist oval oder zumindest rundlich, die Fassaden konkav geschwungen. Den Eingang bildete das große Trilithtor, das aus zwei Orthostaten und einem liegenden Steinblock bestand. Seitlich des Eingangstores gab es Bankaltäre für Opferungen. Die Apsiden waren vermutlich überdacht, während die Korridore dazwischen für den Rauchabzug der Opferfeuer und das Tageslicht offen blieben. Bestimmend für den Charakter der Innenräume dürften der rötlich-ockerfarbene Anstrich der Wände und die Ausstattung mit Altären gewesen sein.

Ħal-Qormi
Marsa
L-Istabar
Marsa Sports Club
Marsa Creek
Paola
Tal Borg
Għajn Dwieli
Fgura
Żabbar
Tarxien
Bulebel iż-Żgħir
Il-Minżel
Żejtun
Ħal-Għaxaq
Bir id-Deheb
Gudja
Santa Lucija
St. Lucia Church
Tal-Ħorr
Luqa
Tac Cawla
Church St. Mary
Ghammieri
St. Vincent de Paul Hosp.
St. Bartholomew Hosp.
Malta International Airport
Quarried Area
Mqabba
Hal-Kirkop
Tal-Mentna
Tal-Fleres
Hal-Safi
Tal-Kittinija
Żurrieq
Hal Millien Chapel
St. John's Church
Il-Maqluba
In-Nigret
Bubaqra
Wied Fulija
Wardija Tower
Nigred
Qrendi
Tas Salvatur
Tal Providenza
Tal Bajjada
Siġġiewi
Il-Hesri
Haż-Żebbuġ
Hal Muxi
Hal Mula
Hal Dwien
St. Philip Church
De Rohan Gate
Tal Hlas Church
St. James Church
St. Blas Church
Salib ta' Laferla
Underground Chapel
Ġebel Cantar
Hagar Qim
Mnajdra Temples
Ras Hanżir
Ras il-Hamrija
Char Lapsi
Ix-Xaqqa
Wied iż-Żurrieq
Blue Grotto
Ras il-Bajjada
Il-Minkba
Ta Ghammer
Tal-Galuhar Tower (Roman)
Birżebbuġa
Borġ in-Nadur
Temple
Cave Museum
Għar Dalam
Roman Villa
Id-Qajjenza
Ferretti Battery
St. George' Bay
Pinto Battery
Marsaxlokk
Pretty Bay
Bay
Hal Far
Hal Far Airfield
Dolmen
Tal-Papa
Kalafrana
Benghisa
Fort Benghisa
Tar Ranzija
Għar Hasan Cave
Wied Dalam
Wied Has Sabtan
Wied il-Qoton
Wied Babu
Wied Xkora
Wied il-Hesri
Wied Baqqija
Wied Qirda
Wied Hanzir
Wied il-Kbir
Hypogäum
Tarxien Temples
Mosque
Polverista Gate
St. Glenn Gate
Zabbar Gate
Ta' Grazzja
Hompesch. Arch
St. Catherin Church
Girgor Pillbox
1
2
3
4
5
6
64
50
38
76
Maßstab 1:40.000
0
600 m

Infos

In Tarxien entdeckte man die Magna-Mater-Statue, die heute als Nachbildung vor Ort zu sehen ist

Tarxien 1

Unweit von Valletta treffen die Moderne und die Steinzeit aufeinander: Zwei der berühmtesten Denkmäler aus der Urgeschichte Maltas, das Hypogäum von Hal Saflieni (s. u.) und die Tempelanlage von Tarxien – nur wenige Autominuten voneinander entfernt –, stehen heute nahezu mitten in der Stadt. Schon während der Ritterzeit, als sich der Wohlstand der Hafenstädte wellenartig bis in die benachbarten Dörfer ausbreitete, wurden die Dörfer Paola und Tarxien von Valletta allmählich aufgesogen.

Sehenswert: In Tarxien befand sich vermutlich das religiöse und wirtschaftliche Zentrum der Megalithkultur auf Malta. Die drei miteinander verbundenen, gut erhaltenen **Tempel**, die man hier ausgegraben hat, stammen aus der Zeit zwischen 3000 und 2500 v. Chr. und markieren den Höhepunkt der Megalithbaukunst auf Malta. Als Erster entstand der Osttempel, dann der Südwesttempel. Mit dem Bau des mittleren Tempels wurde die Anlage vollendet. Tausend Jahre später wurden die Tempel für Urnenbegräbnisse genutzt.

Rundgang: Obwohl viele Altäre, Steinplatten und Fundstücke ins Archäologische Museum von Malta gebracht und durch Kopien ersetzt wurden, ist ein Spaziergang durch die Tempel von Tarxien höchst beeindruckend. Am Eingang informiert eine kleine Ausstellung über die Baugeschichte der Anlage.

Das riesige Trilithportal führt in den Südwesttempel. Rechts steht eine Nachbildung der Kolossalfigur der ›Magna Mater‹, links Altäre und Steinblöcke, die mit Lebensbaumspiralen und Tierreliefs verziert sind.

In der Achse des Eingangs liegt, durch eine 3,35 m lange, mit Spiralen geschmückte Altarschwelle abgetrennt, der zentrale Raum des Tempels. Rechts geht es in den mittleren Tempel. Der erste seiner drei nierenförmigen Räume ist mit Megalithplatten ausgelegt und war vermutlich ein Vorhof. Die Steinschale in der Mitte des Vorhofs wurde für Brandopfer genutzt. Eine 80 cm hohe Steinplatte mit einem Spiralmotiv, das als wachsames Auge der ›Magna Mater‹ gedeutet wird, führt in den zweiten Raum, den eigentlichen Tempel. Beachten sollte man hier das aus einem einzigen Stein gehauene Knickwandgefäß.

Durch den Vorhof erreicht man den östlichen Tempel, der durch den Bau des mittleren Tempels verkürzt wurde. Die Treppe gleich hinter dem Durchgang war möglicherweise der Zugang zu den heiligen Räumen des mittleren Tempels für die Priesterschaft. Zu sehen sind noch der ursprüngliche Bodenbelag und die Orakellöcher in den beiden Apsiden.

Paola 2

Großmeister Antoine de Paule ließ im 17. Jh. Paola auf rechtwinkligem Grundriss anlegen. Heute zählt das einstige Dorf rund 9000 Einwohner.

Sehenswert: Paolas einzigartige Sehenswürdigkeit versteckt sich in einem Wohnviertel. Gemeint ist das **Hypogäum von Hal Saflieni,** ein Höhlenkomplex, den man 1902 unter einem modernen Wohnhaus in der Burial Street entdeckte. Die insgesamt 33 Räume, verteilt auf drei Stockwerke, wurden vermutlich um 3800 v. Chr. aus dem weichen Kalksteinfelsen eines Hügels, auf dem Paola steht, herausgehauen. Der Stein wurde dabei unter Ausnutzung natürlicher Spalten und Risse mit Steinmessern, Keilen und Holzhebeln gebrochen und auf Holzrollen und Steinkugeln abtransportiert. Das Hypogäum war bis ca. 2500, dem Ende der Megalithkultur auf Malta, in Benutzung und diente vor allem als Begräbnis- und Kultstätte.

Die Haupträume befinden sich im zweiten unterirdischen Stockwerk, das erste ist nicht zugänglich. In der ›Unvollendeten Halle‹ befindet sich eine Nachbildung einer oberirdischen Tempelfassade mit Trilitheingang. In der so genannten Akustikhalle mit ockerfarbiger Ausmalung beachte man das Orakelloch. Spricht man in diese Nische hinein, schallt ein lautes Echo zurück. Die ›Geschmückte Halle‹ verdankt ihren Namen den farbigen Zeichnungen. Im ›Allerheiligsten‹ wurde zum Schein eine konkav gewölbte Tempelfassade in den Stein gemeißelt. Ebenso wie bei den oberirdischen Tempelanlagen entdeckt man vor dem Eingang zwei Löcher im Boden, die zum Anbinden von Opfertieren oder für das Trankopfer dienten.

Vom Allerheiligsten führt eine Treppe in das dritte Geschoss, dessen Wände ebenfalls rot bemalt waren. Möglicherweise diente dieser

SPECIAL

Zufallsentdeckung

Die Bewohner der Burial Street werden nicht schlecht gestaunt haben, als sie einen Schacht für einen Brunnen aushoben und dabei auf unterirdische Räume stießen, die sich als Höhlensystem aus der Megalithzeit entpuppten. Das war 1902. Drei Jahre später begannen die systematischen Nachforschungen. Von 1905 bis 1911 war der maltesische Jesuitenpater Sir Themistokles Zammit, damals Kurator des Nationalmuseums von Valletta, mit den Ausgrabungen beschäftigt. Zutage kamen 33 unterirdische Räume sowie zahlreiche Fundstücke, darunter auch die berühmte ›Sleeping Lady‹, die heute wie die anderen Fundstücke auch im Archäologischen Museum aufbewahrt wird. 1980 wurde das Hypogäum von Hal Saflieni in die Liste des Weltkulturerbes der Unesco aufgenommen. Probleme gab es, als immer mehr Besucher in die Höhlen hinabstiegen und sich dadurch das Klima in den Räumen drastisch verschlechterte. Flechten hatten sich bereits an den Wänden gebildet, als man das Hypogäum im Jahr 1992 schloss und einer gründlichen Renovierung unterzog. Seit seiner Wiedereröffnung im Juli 2000 besitzt die hochrangige Sehenswürdigkeit eine Klimaanlage, die Luftfeuchtigkeit und Temperatur regelt. Die Räume werden nur noch spärlich und punktuell beleuchtet – möglicherweise wie zu den Zeiten, als die Menschen die unterirdischen Kammern als Kultstätte nutzten.

Riesige Orthostaten bilden die Wände der Tempel von Mnajdra und Hagar Qim

Bereich als Lagerraum oder Speicher. Da die Räumlichkeiten an einem zu starken Besucherandrang Schaden nehmen, kann das Hypogäum seit seiner jüngsten Restaurierung nur noch auf Voranmeldung und von maximal zehn Personen gleichzeitig besichtigt werden. Man sollte die Tickets fünf bis zehn Tage im Voraus kaufen, telefonische Vorbestellung ist nicht möglich. Führungen im Sommer 8.15, 9.15, 10.15, 11.15, 12.15 Uhr, im Winter 8.45, 9.45, 10.45, 11.45, 13.45, 14.45 und 15.45 Uhr, letzte Führung am Sa. 14.45 Uhr, Tel. 825579, Fax 805021.

HAGAR QIM UND MNAJDRA ③

Etwa fünfeinhalbtausend Jahre alt sind die beiden Tempelanlagen **Hagar Qim** und **Mnajdra**, die auf Malta zu den meistbesuchten Sehenswürdigkeiten gehören. Von Qrendi (mit dem Bus erreichbar) führt ein 15-minütiger Spaziergang zu den beiden benachbarten Tempeln. Sie sind zu folgenden Zeiten geöffnet: 1. Okt. – 15. Juni Mo. – Sa. 8.15 – 17.00, So. bis 16.15, 16. Juni – 30. Sept. tgl. 7.45 – 14.00 Uhr.

Hagar Qim: TOP ZIEL Von den drei **Tempeln** ist nur der mittlere gut erhalten. Er besteht aus sechs ovalen Räumen, um die eine mächtige Mauer mit mehreren Eingängen gezogen ist. An der Eingangsseite sieht man noch die Bankaltäre, die vermutlich die gesamte Außenmauer umliefen. In dem ersten Raum hinter dem Triltheingang und dem Durchgang aus drei Orthostatenpaaren steht neben mehreren kleinen Altären auch eine Nachbildung des berühmten Hagar-Qim-Altars, der im Original im Archäologischen Museum von Valletta zu sehen ist. Beachten sollte man auch die Pilzaltäre im nächsten Raum. Der erhabene Rand an ihrer Oberfläche sollte verhindern, dass das Blut der Opfertiere auf den Boden floss. Auf der rechten Seite des Raumes bilden etwa 1,50 m hohe Orthostaten und darüber waagrecht geschichtete Platten eine Wand, in die an einer Stelle ein ovales Loch eingelassen wurde. Es heißt Orakelloch, weil vermutlich eine Priesterin aus der Kammer hinter dem Loch das Orakel sprach.

Mnajdra: TOP ZIEL Der Komplex aus drei nebeneinander liegenden, aber separaten **Tempeln** entstand vermutlich zwischen 3500 und 2800 v. Chr. Der älteste und kleinste Bau war besonders schlecht erhalten und wurde weitgehend rekonstruiert. Trotz der unmittelbaren Nähe zu den beiden größeren Tempeln wird er als separater Kultbau betrachtet. Über eine Terrasse und durch einen so genannten Fensterstein gelangt man in den mittleren Tempel. Beachtenswert sind hier der gut erhaltene Torbaboden und der Steintisch in einer Nische, die vom linken hinteren Raum des Tempels zugänglich ist. Ein Bankaltar schmückt die halbrunde, gut erhaltene Fassade des links davon gelegenen, unmittelbar anschließenden Tempels. In der rechten Apsis seines ersten Raums ist das mit zwei Orakellöchern versehene Mauerwerk noch 4 m hoch. Dahinter befinden sich zwei Kammern. Eine davon ist nur von außen zugänglich. Reich verziert ist der Zugang zu der linken hinteren Apsis. Sämtliche Steine in diesem Tempel sind mit punktförmigen Vertiefungen überzogen.

Umgebung: Etwa 100 m oberhalb der beiden Tempel liegen die **Zisternen Il Misqa**. Ob sie für die Wasserversorgung der Tempel oder als Wasserspeicher in der Bronzezeit angelegt wurden, ist unklar.

Restaurant: Am Eingang zu den beiden Tempelanlagen, die zu einem archäologischen Park vereint wurden, befindet sich ein Restaurant, das so genannte Tempelrestaurant, wo man zu Mittag essen kann.

ZURRIEQ ④

Verlassene Windmühlen, bronzezeitliche Steinhaufen und alte Zisternen verleihen Zurrieq eine ganz eigene Atmosphäre. Als Schutz vor Piratenüberfällen baute man wehrhafte Wohnhäuser mit Türmen wie zum Beispiel den Bubaqra Tower und den Wardija Tower. Aus Zurrieq stammt Pietru Pawl Saydon (1895–1971), der dreißig Jahre lang die Bibel in die maltesische Sprache übersetzte.

Sehenswert: In den 1670er-Jahren lebte der Maler Mattia Preti für einige Zeit in Zurrieq. Sein Arbeitszimmer ist in der Triq il-Fjuri 4 erhalten. Sechs seiner bemerkenswerten Ölgemälde, darunter auch das Altarbild Martyrium der hl. Katharina, befinden sich in der **Pfarrkirche St. Catherine**. Das barocke Gotteshaus stammt aus der ersten Hälfte des 17. Jh.s, wurde aber mehrfach umgebaut. Zwölf

SPECIAL

Galapagos en miniature

Von den Tempeln von Mnajdra und Hagar Qim aus sieht man eine kleine Insel im Meer liegen: Filfla. Ihr Name kommt aus dem Arabischen und bedeutet so viel wie ›Pfefferstrauch‹ oder ›Pfefferkorn‹. Der britische General Walter Norris Congreve verliebte sich in die Insel und ordnete in seinem Testament ein Seebegräbnis in der Meerenge vor Filfla an. Im Mittelalter errichtete man auf dem Eiland eine Seemannskapelle. Zuflucht suchten auf Filfla aber vor allem Piraten und Banditen. Überliefert ist auch, dass 1813 eine Familie auf dem Eiland Schutz vor der Pest suchte. Das schroffe Atoll ist infolge der vielen Schießübungen von britischer Artillerie und NATO nicht nur arg verkleinert, sondern leider auch nur noch für geübte Klettersportler zugänglich. Doch die Unwirtlichkeit hat auch Vorteile, denn die Bombenkrater und der Filfla umgebende Kranz aus Felsentrümmern erweisen sich als ideale Brutplätze für unzählige Vögel, die auf der Insel zwischenlanden oder dort ständig leben. 1988 wurde Filfla deshalb zum Naturschutzgebiet erklärt.

St. Nicholas of Bari in Siggiewi

Kapellen – analog zu den zwölf Aposteln – umgeben das Dorf wie einen Ring. Sehenswert sind die **Kapelle Hal Millieri** an der Straße nach Valletta und die **Kapelle St. John** wegen ihrer alten Olivenpresse in der Eingangshalle, die man auch als Taufstein benutzt hatte. Die kleine **Verkündigungskirche** am nördlichen Ortsausgang wartet mit liebevoll restaurierten Fresken aus dem 15. Jh. auf.

Umgebung: Mit dem Bus Nr. 38 gelangt man in das Tal des **Wied iz-Zurrieq**. Bei ruhiger See starten von dort kleine Fischerboote zu den Grotten an der felsigen Steilküste. Größte und schönste ist die bis zu 30 m hohe **Blaue Grotte** (Blue Grotto), die vor allem dann, wenn die Sonne hineinscheint, in strahlendem Blau leuchtet. Sie ist nur mit dem Boot zu erreichen. Es wird dringend abgeraten, zu den Grotten zu schwimmen!

SIGGIEWI 5

Eine ländliche Szenerie erwartet den Besucher in und um Siggiewi, ein Dorf mit prächtigen Landhäusern aus Adelszeiten.

Sehenswert: Ein barockes Meisterwerk ist die Kirche **St. Nicholas of Bari** (1675–1693), für die der Baumeister Lorenzo Gafà nur Kalkstein vom Feinsten verwendete. Im Inneren lassen sich Einflüsse aus Rom und Sizilien in Gafàs Werk erkennen. Die Gemälde stammen aus vier Jahrhunderten, hauptsächlich von Mattia Preti. Wer wissen möchte, wie die ersten Malteser die riesigen Steine bearbeitet haben, sollte ins **Limestone Heritage** gehen, das in einem Kalksteinbruch eingerichtet wurde. Im Rahmen von mehrsprachigen Führungen werden Besucher durch die Geschichte dieses traditionellen Gewerbes geführt und mit den alten Techniken vertraut gemacht (geöffnet Mo. – Fr. 9.00 – 16.00, Sa. und So. 9.00 –12.00 Uhr, www.limestoneheritage.com).

Strände: Die pittoresken Felsenklippen in der kleinen Badebucht **Ghar Lapsi** werden regelmäßig vom Sturmvogel besucht. Auch den Sturmtauchern von der Vogelinsel kann man hier begegnen. Ihre Federn benutzen die Angler gern als Fischköder. Deren Fang (aber auch einen Kaninchenschmorbraten) kann man sich, frisch zubereitet, in der schlichten Kantine oberhalb der Bucht auf der Zunge zergehen lassen. Schwimmen lässt es sich am besten in einem Felsenpool, Relaxen im Schatten eines höhlenartigen Felsenüberhangs, sofern man dort ein Plätzchen findet. In den Höhlen von Ghar Lapsi gibt es eine interessante Unterwasserwelt zu entdecken, deshalb ist die Bucht auch bei Tauchersportlern bekannt.

In der Nähe von Ghar Lapsi befindet sich eine der weltgrößten Wasseraufbereitungsanlagen. Sie versorgt etwa ein Sechstel der maltesischen Bevölkerung mit dem auf Malta kostbaren, entsalzten Nass.

Veranstaltungen: Am letzten Sonntag im Juni wird in Siggiewi **Festa** zu Ehren des hl. Nikolaus (St. Nicolas) gefeiert. Das Fest gehört zu den eindrucksvollsten auf Malta. Dann beleuchten rund 5000 Glühbirnen die Kirche. Anders als in anderen Orten wird in Siggiewi die Prozessionsfigur nicht durch den ganzen Ort, sondern nur um den Dorfplatz getragen.

ZEBBUG 6

Auf den Feldern um Zebbug baute man im Mittelalter Baumwolle und Oliven an. Im Unterschied zu seinem Schwesterchen auf Gozo, Iz-Zebbug (Olivenhain), nennt es sich Haz-Zebbug (Olivendorf). In den fünf Höhlengräbern von Zebbug fand man neben Knochen und Steinwerkzeugen das Fragment einer Stele mit archaisch-einfachen Gesichtszügen – vermutlich die früheste menschliche Darstellung auf Malta.

Sehenswert: Im Jahre 1989 wurde die Kapelle **St. Roque** in ein Museum umgewandelt, das den bedeutendsten Bürgern von Zebbug gewidmet ist. Dazu gehören u. a. Maltas ›Don Camillo‹ Dun Karm Psaila (1871–1962) und der Bildhauer Antonio Sciortino (1883 bis 1947), der u. a. das Monument der Großen Belagerung am Great Siege Square in Valletta geschaffen hat. Eine Kuriosität ist die kleine Kirche **Ta' Wied Qirda** in Zebbug. Ihr Gründer ließ darin sein Grab bauen, wo er 1722 auch beigesetzt wurde. Die Kirche ist Ausgangspunkt für eine schöne Wanderung durch einen grünen Taleinschnitt.

TIPP

Maltas Blaues Wunder

Die Blaue Grotte am Wied iz-Zurrieq sollte man möglichst früh morgens und möglichst an einem strahlenden Tag besuchen, denn dann sind die Farbeffekte und das Lichtspiel in der Höhle am schillerndsten.

Die Bucht Wied iz-Zurrieq ist auch ein beliebtes Tauchrevier

Cardphone
Cardphone

Geschichte auf Schritt und Tritt

Maltas Hauptstadt ist ein kleiner Schmelztiegel, ein Mikrokosmos der Insel, die immer wieder von fremden Mächten beherrscht und von anderen Kulturen beeinflusst wurde. Die Johanniter gründeten im 16. Jh. Valletta als neue, besser zu verteidigende Residenz. Ihnen verdankt die Stadt ihre Festungen, ihre stolzen Herbergen, den Großmeisterpalast und vieles mehr. Von den Briten, zu dessen Empire die Insel nahezu zwei Jahrhunderte lang gehörte, hat Malta seine zweite Amtssprache, den Linksverkehr und die roten Telefonhäuschen geerbt.

Eine britische Telefonzelle, von einem Ordensritter bewacht – das gibt es nur in Valletta.

▲ Verkehrsdrehscheibe: der Busbahnhof

▼ Beliebte Treffpunkte: Cafés im Freien

▼ Malteserin in Uniform

▼ Auch mit der Kutsche kann Valletta erkundet werden

Holzerker an den Wohnhäusern prägen das Bild von Valletta ►

Gewaltige Kirchenkuppeln und sonnenhelle Festungsmauern begrüßen denjenigen, der sich Malta auf dem Wasser nähert. Wie ein riesiger Schiffsbug schiebt sich die Landzunge, auf der Valletta sitzt, zwischen die beiden Hafenbuchten Grand Harbour und Marsamxett Harbour. Von Bord gegangen, lässt man sich durch schattige Straßenschluchten treiben, in denen die farbenfrohen Holzerker die steinernen Häuserfassaden rhythmisieren. Am Ende jeder Straße, die wie eine Woge dem Auf und Ab des Felsplateaus folgt, schimmert das Blau des Meeres. Maltas Hauptstadt – ein Gesamtkunstwerk mit vielen Facetten: Regierungssitz und Handelszentrum, moderne Einkaufsstadt und Touristenziel, Kunstkammer und einzigartiges Geschichtsmonument.

Eine Kirche machte den Anfang

Das erste Gebäude, das man in Valletta erbaute, war eine Kirche. Der Stadtgründer, Großmeister Jean Parisot de la Valette (1494 – 1568), legte 1566 an der Stelle der geplanten Siegeskirche den Grundstein von Valletta. Unter seinem Regiment hatte Malta 1565 tapfer der Großen Belagerung gegen die Türken getrotzt. Mit Entsetzen stellte er fest, dass die türkischen Kanoniere, die auf der Halbinsel Sciberras Stellung bezogen hatten, mit Leichtigkeit den damaligen Ordenssitz Birgu, das

heutige Vittoriosa, in Schutt und Asche legen könnten. Da die Türkengefahr nur für den Moment gebannt war, galt es zu handeln, schnell zu handeln. La Valette ließ einen Teil der Sciberras-Halbinsel einebnen und einen Kranz von Bastionen um die Landzunge anlegen. Etwa 80 000 Sklaven und Lohnarbeiter mussten für den Bau der Festung schuften, die in der Rekordzeit von nur fünf Jahren weitgehend fertig gestellt war. Finanzielle Unterstützung erhielten die Malteser von den Herrschern Europas, die in Malta einen wichtigen Vorposten im Kampf gegen die Türken sahen. Papst Pius IV. schickte Francesco Laparelli da Cortona, einen Schüler des berühmten Mi-

▲ *Kostümfreude beim Valletta Festival auf dem Palace Square*

▼ *Magna Mater aus Tarxien ...*

▼ *... ›Sleeping Lady‹ aus dem Hypogäum ...*

▼ *... und Statuetten im Archäologischen Museum*

▲ Fresko im Großen Ratssaal … ▼ … und Rüstungskorridor im Großmeisterpalast

chelangelo und einen der besten Festungsbaumeister der damaligen Zeit, nach Malta. Sein Plan von Valletta hatte die strenge Geometrie eines Militärlagers.

SPECIAL

Der Orden

Um die Mitte des 11. Jh.s gründeten Kaufleute aus Amalfi in Jerusalem ein Krankenhaus, das sich um die Krankenpflege und Unterkunft, aber auch um die Organisation der Überfahrt der Pilger und Händler kümmerte. Als Jerusalem 1099 von den Kreuzrittern zurück erobert wurde, lernten viele von ihnen die Dienste des Hospitals zu schätzen und vermachten ihm deshalb aus Dankbarkeit Teile ihres Vermögens oder Ländereien in Europa. Die somit finanziell bestens ausgestattete Bruderschaft weitete sich durch Tochterhospize an den Pilgerstraßen Europas aus und veränderte auch ihre Ziele, indem sie den Pilgern nun auch militärischen Schutz auf ihrer gefährlichen Fahrt ins Heilige Land anbot – aus einer ausschließlich karitativen Aufgaben verpflichteten Gemeinschaft wurde so der ›Ritterliche Orden des Heiligen Johannes vom Spital in Jerusalem‹. Aufnahme in den Orden fanden nur Adelige, die sich während ihrer zweijährigen Probezeit sowohl in der Krankenpflege als auch im Kampf gegen Feinde auf einer Galeere beweisen mussten. Der Orden war nach Landsmannschaften, den so genannten ›Zungen‹ organisiert und wurde vom ›Rat der Sechzehn› und dem auf Lebenszeit gewählten Großmeister regiert. Als Sultan Saladin von Ägyten und Syrien 1187 Jerusalem eroberte, zogen sich die Ritter zunächst nach Akko zurück. Über Zypern gelangten sie 1306 nach Rhodos, wo sie den byzantinischen Statthalter vertrieben und bis 1522 die Herrschaft ausübten. Von den Türken von Rhodos vertrieben, musste sich der Orden eine neue Heimat suchen. Schließlich landeten die Ritter 1530 auf Malta, das ihnen Karl V. als Lehen vermacht hatte. Nach ihrem neuen Hauptsitz nannten sie sich fortan ›Malteser‹.

Herbergen für die Ritter

Laparelli kehrte nach Rom zurück, und sein maltesischer Assistent Gerolamo Cassar (1520 – 1586) führte die große Aufgabe

▲ Museum und Außenansicht der St. John's Co-Cathedral ▼

▼ Plausch in den Upper Barracca Gardens

▼ Prachtvoller Innenraum der St. John's Co-Cathedral

▲ Blick von St. Andrew's Bastion

weiter. Nach seinen Plänen und unter der Leitung von Großmeister Del Monte entstanden die ersten Ordensherbergen in Valletta, die damals wie jedes Stadthaus keine Gärten oder Terrassen, aber einen Brunnen haben mussten. Sie waren die Verwaltungszentren der Ritter, die aus ganz Europa kamen und sich nach ihren Herkunftsländern zusammengeschlossen hatten. Nicht nur die ›Königin der Herbergen‹, sondern für viele das schönste Gebäude Vallettas überhaupt ist die Auberge de Castille Léon et Portugal, heute Amtssitz des Premierministers.

Ein Palast für den Großmeister

Die Republic Street durchquert als schnurgerade Achse die Altstadt von Valletta. Heute ist sie die Flaniermeile, durch die betuchte Staatsgäste in schwarzen Oldtimer-Limousinen zum Großmeisterpalast eskortiert werden und Touristen in Fiaker-Kutschen es den Herrschaften gleichtun. Vor dem Palast, am Republic Square, schlägt das Herz von Valletta. Königin Victoria, der man hier 1891 ein Denkmal setzte, blickt von ihrem Sockel auf die Besucher aus aller Welt herab, die unter den riesigen Sonnenschirmen im Café Cordina ein kühles Bier oder eine Tasse Kaffee genießen.

Der Großmeisterpalast stellt von seiner Bedeutung wie von seiner Größe alle anderen Gebäude am Republic Square in den Schatten. Bis 1798 regierte hier der Großmeister des Johanniterordens, dessen ruhmreiche Geschichte sich wie ein roter Faden durch die prunkvolle Ausstattung zieht. Nach Augenzeugenberichten entstanden die großformatigen Gemälde im Thronsaal des Großmeisterpalastes, auf denen die Große Belagerung Maltas durch die Türken (1565) geschildert wird. Exotisch wird es im Gobelinsaal, wo die prachtvollen Wandteppiche von den Jagdabenteuern des deutschen Prinzen Moritz von Nassau in Südamerika, Indien und Afrika detailreich erzählen.

Wo die Ritter begraben sind

Man weiß nicht, wohin man zuerst schauen soll, an die Decke, zu den farbenprächtigen Malereien oder auf den Fußboden, auf die nicht weniger kostbaren Einle-

▲ Vallettas schönste Barockfassade: Auberge de Castille

▼ Living History auf Fort St. Elmo

▲ Darsteller bei den Vorführungen auf Fort St. E

▲ Republic Street, für das Valletta Festival geschmückt ▼ Blick auf die Befestigungsanlagen

gearbeiten in Marmor. Annähernd 400 Ritter fanden unter den Grabplatten der St. John's Co-Cathedral ihre letzte Ruhestätte. Wer Ritter werden wollte, musste Adelsblut aus vier Generationen mütterlicher- und väterlicherseits nachweisen. So schreitet man über die sterblichen Reste der Edelmänner aus Spanien, Frankreich, Italien, England und Deutschland. ›So wie du nun über mich hinwegschreitest, wird man einst über dich hinweggehen‹, scheinen sie uns zuzuflüstern, denn so steht es auf Nicola Cottoners Marmorplatte in der Kapelle von Aragon geschrieben. Der Großmeister hatte der Kirche im 17. Jh. eine Orgel gestiftet. Außerdem erinnert das Symbol einer Baumwollpflanze mit seinen Initialen ›NV‹ daran, womit er zu seinem Reichtum gekommen war. Auf der Grabplatte des Ritters Guttenberg (1647 bis 1733) in der deutschen Kapelle ist der Reim zu lesen: ›Fumus, Humus, Sumus...‹, was sinngemäß bedeutet: ›Wir sind Rauch und Erde, und Asche ist unsere letzte Bestimmung‹.

Napoleons Zwischenspiel

Ebenfalls ein Deutscher, nämlich Großmeister Ferdinand von Hompesch, legte 1798 Valletta – damals wohl die mächtigste Festung der Welt – Napoleon wie eine überreife Frucht zu Füßen. Napoleon, der im Palazzo Parisio in der Merchants Street Quartier bezogen hatte, schaffte die Privilegien der alteingesessenen Adelsfamilien ab, ließ mehrere tausend Sklaven frei und zwang die Ritter, Malta zu verlassen. Doch die Herrschaft Napoleons blieb ein Zwischenspiel. Seine Soldaten plünderten respektlos die Kirchen Maltas, worauf sich die Malteser zur Wehr setzten und England zu Hilfe riefen. Die kam denn auch prompt, denn die Briten hatten den strategischen Wert des kleinen Archipels längst erkannt. Nachdem sie die Franzosen von der Insel vertrieben hatten, reformierten sie 1814 das Regierungssystem Maltas, ohne die Privilegien der Oberschicht und der Kirche zu beschneiden. Der Befreiung von den Franzosen und dem neuen Regierungssystem widmeten die Malteser den Independence Square, wo ein Denkmal an den Führer des Aufstandes gegen die Franzosen erinnert.

Valletta
Marsamxett Harbour
St. Elmo Bay
Grand Harbour
St. Gregory Bastion
St. Gregory Curtain
Ball's Bastion
Abercrombie's Bastion
War Museum
Fort St. Elmo
St. Sebastian Bastion
English Curtain
French Curtain
German Curtain
Auberge d'Angleterre et Bavière
Jew's Gate
Auberge d'Aragon
Water Polo Pitch
Ferry Sliema-Valletta
St. Paul's Cathedral
Archbishop's Palace
St. Salvatore Bastion
Our Lady of Mount Carmel
Manoel Theatre
Toy Museum
Casa Rocca Piccola
St. Andrew's Bastion
Mattia Preti Square
Main Guard
Malta George Cross
Palace Square
Grand Master's Palace
Republic Square
National Library
Law Court
Great Siege Square
St. John's Square
Old University
Market
Sacra Infermeria
Malta Experience
St. Lazarus Bastion
St. Lazarus Curtain
Abercrombie's Curtain
St. Elmo Place
St. Michael's Bastion
National Museum of Fine Arts
Hastings Garden
St. John's Cavalier
St. Francis
Auberge de Provence
Malta Crafts Centre
Palazzo Ferreria
St. Barbara
St. James
Auberge d'Italie
Castellania
St. John's Bastion
St. John's Counterguard
Royal Opera
St. Catherine
City Gate
Our Lady of Victories
Palazzo Parisio
Auberge de Castille
St. James' Cavalier
Castille Place
Bus Terminus
Triton Fountain
Hotel Phoenicia
St. James' Bastion
St. James' Counterguard
FLORIANA
Upper Barracca Gardens
St. Peter and Paul's Bastion
Lascaris Bastion
Lascaris War Rooms
Custom's House
The Sacred Island
Our Lady of Liesse
Victoria Gate
St. Barbara Bastion
Fish Market
Castille Curtain
Lower Barracca Gardens
Siege Bell Memorial
St. Paul's Shipwreck
Fountain Street
St. Joseph Street
Republic Street
North Street
Old Hospital Street
St. Nicholas Street
Merchants Street
St. Paul Street
Triq San Duminku
Triq Sant Ursula
Triq L-Arcisqof
Triq San Pawl
Triq Ir-Teatru l-Qadim
Triq Ir-Merkanti
Triq Ir Repubblika
St. Frederic Street
St. Christopher Street
St. Dominic
Bakery Street
Old Theatre Street
Archbishop's Street
Triq L-Ifran
Strait Street
St. Lucia Street
St. John's Street
Old Bakery Street
Old Mint Street
St. Patrick Street
St. Mark Street
Triq Brittanja
Triq Iz-Zekka
Melita Street
South Street
Windmill Street
Triq Nofs-In-Nhar
West Street
Marsamxett Street
Spur Street
Mediterranean Street
St. Ursula Street
Anthony Street
Barriera Wharf
East Street
Wharf
Lascaris Wharf
Gerolamo Cassar Avenue
Nelson Road
The Mall
Sarria Street
Hannibal P. Scicluna Road
Triq L-Assedju L-Kbir
1 2 3 4 5 6 7 8 9 10 11 12 13 14 15 16
150 m
©Baedeker

Ta' Giorni
Cart Ruts
San Gwann
Gżira
Sliema Point
Sliema
Tigne Fort
Dragutt Point
Kappara
Taż Żwejt
Athletics Track
University of Malta
Empire Stadium
Sliema Creek
Manoel I.
Fort Manoel
Lazzaretto Creek
Marsamxett Harbour
Birkirkara
Ta' Xbiex
Msida Creek
Msida
TCM
Wignacourt Aqueduct
Santa Venera
Casa Leoni
Pietà
Gwardamanga
Floriana
Argotti Botanic Gardens
St. Publius Church
Bus Terminal
The Point
St. Elmo Point
Fort St. Elmo
St. Elmo Lighthouse
VALLETTA
Grand Master's Palace
St.John's Co-Cathedral
Grand Harbour
Ricasoli Point
Ricasoli Fort
Rinella Battery
Rinella Movie Park
Fort St. Rocco
Fort St. Angelo
Kalkara Creek
Kalkara
Santu Rokku
Ras il-Gebel
Inquisitor's Palace
Vittoriosa
Senglea (Il Isla)
Dockyard Creek
French Creek
San Pietru
Il-Wileg
Xgħajra
Cospicua
Rock Gate
Zabbar Gate
San Leonard
Fort St.
Tad -Dwieli
Hamrun
Ħal-Qormi
L-Istabar
Marsa
Marsa Sports Club
Marsa Creek
Kordin
Il-Kortin
Bormla
St. Glenn Gate
Polverista Gate
Mosque
Għajn Dwieli
Ta' Grazzja
Museum of Religious Art
Hompesch Arch
Żabbar
Paola
Tal Borg
Għammieri
Maßstab 1:40.000
0
600 m
Bugibba
Mġarr
Marsaforn
Licata 2½ h
Pozallo 4 h
Reggio di Calabria 14h
Siracusa 5h
Catania 7-11h
17
50
24
76

Infos

Ostersonntagsregatta im Grand Harbour

Allgemeines

Maltas Hauptstadt liegt auf einer 1,5 km langen und 700 m breiten Landzunge im Norden der Insel und im Zentrum eines großen Siedlungskonglomerats. Am kreisrunden Busterminal beim modernen City Gate beginnen alle Wege in die Altstadt, wo vor allem Geschäfte und Restaurants, Behörden und Handelsvertretungen, aber auch ein Großteil der kulturellen Sehenswürdigkeiten des Landes versammelt sind.

Geschichte

Nach der ersten Großen Belagerung gründete Großmeister Jean Parisot de la Valette 1566 zum besseren Schutz des Grand Harbour die nach ihm benannte Festungsstadt. Die Pläne stammten von dem italienischen Festungsbaumeister Francesco Laparelli da Cortona. Innerhalb von fünf Jahren wurde die Sciberras-Halbinsel eingeebnet und auf allen Seiten mit Bastionen befestigt. Am weiteren Aufbau der Stadt war vor allem Laparellis Gehilfe, Gerolamo Cassar, beteiligt, der u. a. die St. John's Co-Cathedral und den Großmeisterpalast entwarf. Die meisten Wohnhäuser und Paläste entstanden im Verlauf des 17. und 18. Jh.s im Stil des Barock. Die Johanniterzeit ging mit dem deutschen Ordensgroßmeister Ferdinand von Hompesch zu Ende, als dieser 1798 die Insel kampflos an Napoleon übergab. Auf die Franzosen folgten nur zwei Jahre später die Briten, die die gesamte Inselgruppe 1814 als Kronkolonie zugesprochen bekamen. Bis Mitte des 20. Jh.s war der Hafen von Valletta einer der wichtigsten englischen Flottenstützpunkte. Bei Luftangriffen im Zweiten Weltkrieg verlor die Stadt etwa 85 % ihrer Häuser, von denen die meisten originalgetreu wieder aufgebaut wurden.

Gärten und Bastionen

Befestigungsanlagen: Valletta ist im Grunde ein einziges Bollwerk. Lange Zeit galten die 1566–1571 entstandenen Befestigungsanlagen als uneinnehmbar. Die Festung **Fort St. Elmo** (13) an der Spitze der Sciberras-Halbinsel, von den Johannitern zur Verteidigung gegen die Türken 1552 ausgebaut und nach der Großen Belagerung 1565 erneuert, kann im Rahmen von Führungen besichtigt werden. Unterhalb der Upper Barracca Gardens befand sich während des Zweiten Weltkriegs die britische Kommandozentrale (**Lascaris War Rooms** (8) mit Originaleinrichtung).

Gärten: Die beiden **Barracca-Gärten** (7) über den östlichen Festungswällen wurden als Exerzierplätze angelegt und später von den Engländern exotisch bepflanzt. Nicht nur Touristen, auch Einheimische genießen von hier gerne den faszinierenden Ausblick auf den **Grand Harbour**. Die Bronzefiguren ›Le Gavroches‹ von dem maltesischen Künstler Antonio Sciortino in den **Upper Barracca Gardens** sind ein rührendes Denkmal für die Gassenjungen aus der Zeit nach dem Zweiten Weltkrieg, als Valletta in Trümmern lag. Der Blick schweift von hier über die rote Kuppel der Kirche **Our Lady of Liesse** bis zu den **Lower Barracca Gardens** mit einem Mausoleum im griechischen Stil für den ersten britischen Gouverneur.

Paläste und Herbergen

TOP ZIEL

Großmeisterpalast: Der **Großmeisterpalast** (Grand Master's Palace) (1) gegenüber der Hauptwache am Palace Square ist der Mittelpunkt Vallettas, Regierungssitz des maltesischen Präsidenten und eine der meistbesuchten Touristenattraktionen auf der Insel. Der riesige, um zwei Innenhöfe angelegte Renaissancebau mit seinen beiden Barockportalen wurde 1574 nach Plänen von Gerolamo Cassar errichtet und im 18. Jh. umgebaut. Heute können die historischen Prunksäle, sofern

Treppenhaus des Kunstmuseums von Valletta

SPECIAL

Our Lady of Victories

Jedes Jahr am ersten Wochenende im September feiert Malta ›Our Lady of Victories‹. Mit einer großen Ruderregatta im Grand Harbour und vielen anderen Veranstaltungen wird daran erinnert, dass die Insel sich zwei Mal erfolgreich gegen übermächtige Feinde zur Wehr gesetzt hat. Das erste Mal waren es die Türken, die 1565 die Insel zu erobern versuchten. Sechs Monate blockierten die osmanischen Schiffe den Grand Harbour. Der für beide Seiten verlustreiche Kampf wurde mit aller Grausamkeit geführt. So ist beispielsweise überliefert, dass die Türken die im Kampf gefallenen Ritter auf Holzkreuze nagelten und diese im Hafen zu Wasser ließen, worauf die Malteser die abgeschlagenen Köpfe von türkischen Gefangenen auf die feindliche Seite hinüberschossen. Am 8. September 1565 schließlich konnte Malta, ja ganz Europa aufatmen: die Große Belagerung war beendet, die Türken zogen ab, und die Gefahr für das christliche Abendland war gebannt.

Rund 400 Jahre später, im Zweiten Weltkrieg, wurde Malta erneut zum Bollwerk. Wegen ihrer strategisch wichtigen Lage für den Nordafrikafeldzug war die Inselgruppe – damals englische Kolonie – den Deutschen ein Dorn im Auge. Doch das vermeintlich leicht zu erobernde Angriffsziel erwies sich trotz extremer Bombardierung – allein 1942 wurde es 154 Tage ununterbrochen aus der Luft angegriffen – als uneinnehmbare Festung. Rund 1250 Menschen starben, 35 000 Häuser fielen den Bomben zum Opfer. Valletta, die Hafengegend und die Dörfer auf der Hochebene waren zerstört. Dennoch war der Durchhaltewille der Malteser ungebrochen und die Einnahme Maltas gelang nicht. Vom englischen König Georg VI. erhielt der Inselstaat dafür 1942 das Georgskreuz, das die spätere Republik Malta in ihr Wappen aufnahm.

SPECIAL

›Der Hl. Hieronymus‹ in der italienischen Kapelle der St. John's Co-Cathedral

Caravaggio

Aufbrausend und arrogant soll Michelangelo Merisi da Caravaggio gewesen sein, der Maler, der nicht nur mit seinen Bildern die Zeitgenossen provozierte. Die Empörung galt vor allem der ungewohnt naturalistischen Darstellung, mit der Caravaggio selbst Heilige und biblische Szenen ins Bild setzte. Bis 1606 arbeitete der 1573 in Bergamo geborene Künstler in Rom für wohlhabende und einflussreiche Auftraggeber. Wegen seiner Streitlust war er immer wieder in Prozesse verwickelt und wurde schließlich sogar wegen Totschlags verfolgt. Er floh nach Neapel, wo er 1607 die Einladung des maltesischen Ordensgroßmeisters Wignacourt annahm und das Schiff nach Malta bestieg. Dort angekommen, wurde er Mitglied des Ordens und malte für die St. John's Co-Cathedral zwei großartige Gemälde: den ›Hl. Hieronymus‹, der heute in der italienischen Kapelle der Kirche hängt, und die ›Enthauptung Johannes des Täufers‹ im Oratorium. Vor allem bei letzterem arbeitete Caravaggio mit dem für ihn so typischen Hell-Dunkel-Effekt, bei dem die Hauptfiguren einer Szene wie von einem Scheinwerfer angestrahlt aus einem dunklen, diffusen Raum hervortreten. Die Tat wird schonungslos, in all ihrer Grausamkeit dargestellt und die Szenerie außerdem noch mit einfachen Menschen bevölkert – einem Kerkermeister, dem Henker, einer alten Frau und zwei Gefangenen –, was die Betrachter damals schockiert haben muss. Doch Caravaggio hielt sich nicht an Regeln, weder in der Malerei, noch im Leben, und so musste er auch von Malta schon 15 Monate nach seinem Eintreffen wieder fliehen. Auf dem Weg zurück nach Rom wurde er verwundet und starb 1610 in der Nähe von Cittavecchia. Obwohl er nur wenige Werke hinterließ, verdankt ihm die Malerei des Barock entscheidende Impulse.

sie nicht für Staatsempfänge genützt werden, im Rahmen von Führungen besichtigt werden. Vom Neptunshof gelangt man in die Prunksäle im Obergeschoss. In dem 31 m langen Palastkorridor schreitet man unter Deckengemälden, die von den Kapernfahrten der Ordensgaleeren gegen die Türken berichten, an alten Rüstungen vorbei. Im Saal des Großen Rates illustrieren Fresken die Große Belagerung im Jahr 1565. Zu den eindrucksvollsten Räumen gehört der Gobelinsaal, wo die Ratssitzungen des Ordens stattfanden. Benannt ist er nach den zwölf herrlichen Gobelins (18. Jh.) aus der Hofweberei Ludwigs XIV.

Maltesische Wohnkultur des Adels wird in dem kleinen, noch bewohnten Adelspalast **Casa Rocca Picola** 10 lebendig vor Augen geführt. Nur von außen besichtigt werden können der **Palazzo Parisio** in der Merchant Street und der **Erzbischofspalast** in der Archbishops Street.

Herbergen: Die **Auberge de Castille** 6 veranschaulicht den erlesenen Geschmack des portugiesischen Großmeisters Pinto, der sich gern mit königlicher Prachtentfaltung umgab. Seine Büste über dem Portal des nachträglich barockisierten Gebäudes ist von Trophäen, Bannern und Rüstungen umgeben. Ebenfalls von Ordensbaumeister Gerolamo Cassar stammen die weitgehend im ursprünglichen Zustand erhaltene **Auberge d'Aragon** (1571), die **Auberge d'Italie** (1574) und die **Auberge de Provence** 4 (1576), in der heute das Nationalmuseum untergebracht ist (siehe Museen).

Kirchen

St. John's Co-Cathedral: Die schlichte Fassade der **St. John's Co-Cathedral** 3 verrät nichts von ihrem prachtvollen Innenraum. Die 1573–1577 von Gerolamo Cassar errichtete Ordenskirche wurde 1816 zur zweiten Hauptkirche Maltas. Sie erhielt den gleichen Rang wie die erzbischöfliche Kathedrale in Mdina, woraus sich der Namenszusatz ›Co‹ ergab. Besonders reich ausgestattet sind die zwölf Seitenkapellen, die den verschiedenen Landsmannschaften, den sog. Ordenszungen, gehörten. Aufmerksamkeit verdienen vor allem die Deckenbilder von Mattia Preti (17. Jh.). Da er die Ölfarben direkt auf den Kalkstein aufsetzte, glänzen die Farben stärker als bei der Freskomalerei. Der Malerfürst ist im Vorraum der Sakristei beigesetzt. In den 18 Szenen aus dem Leben des hl. Johannes kann man Pretis Künstlermodell Cianferli entdecken, dessen Gesichtszüge den Maler zur Darstellung von Teufeln, Folterern und Piraten dienten. Mit den kostbaren 28 flämischen Gobelins wird die Johanniskathedrale nur an bestimmten Festtagen ausgekleidet. Das Highlight des angeschlossenen Oratoriums mit dem **St. John's Co-Cathedral Museum** ist das Gemälde ›Die Enthauptung Johannes des Täufers‹ von Caravaggio.

Weitere Kirchen: An der Stelle der einstigen Auberge d'Allemagne wurde 1839–1842 die anglikanische **St. Paul's Cathedral** 16 errichtet. Das Altarbild in der Kirche **St. Paul's Shipwreck** 9 zeigt den Schiffbruch des hl. Paulus an der Küste von Malta.

Museen

Archäologie: Das **Archäologische Museum** (National Museum of Archeology) in der **Auberge de Provence** 4 ist eine empfehlenswerte Ergänzung zum Besuch der Megalithtempel auf Malta. Gezeigt werden nahezu sämtliche Funde aus diesen Kultstätten, Modelle der Tempel sowie die berühmten, wegen ihrer üppigen Proportionen als Fruchtbarkeitssymbole gedeuteten Magna-Mater-Figuren, darunter auch die ›Sleeping Lady‹ und die ›Venus von Malta‹.

Kunst: Im ehemaligen Gästehaus des Ordens, heute **Kunstmuseum** (National Museum of Fine Arts) 5, hängen u. a. Werke von Tintoretto, Guido Reni, Mattia Preti und Melchiore Gafà. Im Kellergeschoss Silbergeschirr, Mörser und Apothekengefäße aus dem Ordenshospital.

Waffen: In der **Rüstkammer** (Palace Armoury) in den beiden ehemaligen Pferdeställen des Großmeisterpalastes 1 werden die Prachtrüstungen der Großmeister de la Vallette und Wignacourt zur Schau gestellt. Außerdem sind eine wertvolle Sammlung osmanischer und nordafrikanischer Waffen sowie Kuriositäten wie z. B. eine Lederkanone und eine Kanonenwaage zu sehen.

Geschichte: Unterhaltsam und informativ präsentiert wird die Geschichte der Mittelmeerinsel in der 45-minütigen Multimediashow **Malta Experience** ⓬ in der St. Lazarus Bastion. Malta erlebte 1940–1943 ca. 3000 Luftangriffe, mehr als Berlin, Hamburg oder Dresden. Nur eine kleine norwegische Hafenstadt hatte noch mehr zu leiden. Darüber sowie über die Militärgeschichte Maltas nach dem Abzug der Johanniter kann man sich im **Kriegsmuseum** (War Museum) ⓮ im Fort St. Elmo informieren. Im Untergeschoss der **Sacra Infermeria** ⓫, dem einstigen Krankenhaus der Johanniter, wurde mit lebensgroßen Figuren die Geschichte des Ritterordens nachgestellt. Außerdem gibt es dort ein Modell des großen Krankensaals (siehe Special, geöffnet Mo. – Fr. 9.30 – 16.00 Uhr).

Nationalbibliothek: Im verstaubten Lesesaal der **National Library**, der alten **Ordensbibliothek** ❷ aus dem Jahre 1796 neben dem Großmeisterpalast, liegen u. a. die Gründungsurkunde des Ordens (1113) und die ›Kaiserliche Bulle‹ aus, in der Karl V. die Johanniter mit den maltesischen Inseln belehnte. Das Lesepult am Eingang benutzte der maltesische Schriftsteller und Nationaldichter Dun Karm (1871 – 1961).

SPECIAL

Silberteller für die Kranken

Auf Malta wurde 1578 eines der modernsten und größten Krankenhäuser seiner Zeit eingeweiht – die Sacra Infermeria di Malta. Damals, als die Chirurgie noch in den Kinderschuhen steckte, praktizierte man das wohl erste Anästhetikum der Welt: Nachdem man den Kopf des Patienten mit einem Helm bedeckt hatte, versetzte ihm der Chirurg einen kräftigen Schlag, worauf er bewusstlos wurde. Peinlichste Reinlichkeit herrschte im Krankensaal der Infermeria, der heute als Konferenzzentrum dient und besichtigt werden kann. Die 10 m hohe und 154 m lange Kuppelhalle des Ordenshospitals sorgte auch während der heißen Sommermonate für gute Durchlüftung. Man kann sogar noch die Nummerierung der einzelnen Betten an den Wänden erkennen, in denen 746 Kranke aller Konfessionen gepflegt wurden. Bettleinen wurde alle zwei Wochen gewechselt und Speisen und Arzneien auf blank geputztem Silbergeschirr gereicht.

Einkäufe

Das Geschäftszentrum Vallettas breitet sich zwischen den beiden Magistralen **Republic Street** und **Merchant Street** im ersten Drittel der Stadt aus. Dort findet man vor allem viele Souvenir- und Schmuckläden, aber auch modische Kleidung. Besonders die Nebengassen, wo kleine Buchläden zum Stöbern einladen, verführen zum gemütlichen Bummeln.
Weitere Anziehungspunkte sind die **Markthalle** in der Merchant Street und der **Trödelmarkt** hinter dem Großmeisterpalast. Am Sonntag findet in **Floriana** ein großer Trödelmarkt statt.

Restaurants

Das ehrwürdige Café-Restaurant **Cordina**, Tel. 21234385, am Denkmal von Queen Victoria kennt jeder. Das **Premier**, ebenfalls am Republic Square, Tel. 21247300, erinnert an ein altes Londoner Kaffeehaus. Geschäftsleute schätzen das maltesisch-italienische Essen im **Bologna**, Tel. 21246149, dem auch eine Pizzeria angeschlossen ist. Sehr beliebt ist das **Giannini**, Tel. 21237121, auf der St. Michael's Bastion. Es ist in einem Patrizierhaus mit Blick über den Marsamxett-Hafen untergebracht.

Unterkunft

In Valletta gibt es nur wenige Hotels, wie zum Beispiel das zentral am Castille Square gelegene **Castille**, St. Paul's Street, Tel. 21243677, Fax 21243678, ein Drei-Sterne-Haus mit gemütlicher Weinbar im 400 Jahre alten Gewölbekeller, und das **Osborn**, South Street 50, Tel. 21232127, Fax 21247293, ebenfalls ein Haus mit Tradition mitten in der Altstadt. Erholung von der Stadtbesichtigung findet man hier auf der großen Dachterrasse mit Pool. Auch vom **British Hotel** (zwei Sterne) in der Ursula Street hat man einen schönen Blick auf Grand Harbour, Tel. 21224730, Fax 21239 0711, www.britishhotel.com.

Veranstaltungen

Im ältesten noch erhaltenen Theaterbau Europas, dem bezaubernden **Manoel-Theater** ⓯ aus dem Jahr 1731, werden auch heute noch Aufführungen gegeben. Romantisch ist es auch in dem Theatercafé, dem ein kleines Museum und der Theatershop angeschlossen sind. Führungen: Mo. – Fr. 10.45 und 11.30 Uhr.

Argotti Botanic Gardens in Floriana

Umgebung

Floriana: Das von dem italienischen Architekten Pietro Paolo Floriani über einem Bastionsgürtel erbaute **Floriana** ist heute die Arbeitervorstadt Vallettas und die grüne Lunge der Landzunge. In den schönen **Parkanlagen** von Floriana, so z. B. im **Argotti Botanic Gardens** ⓱ mit einer stattlichen Kakteensammlung, kann man sich vom Stadtspaziergang erholen. Sehenswert sind auch die Getreidespeicher vor der St.-Publius-Kirche.

Information

Tourist Information Office, City Gate Arcades, Tel. 21237747.

TIPP

Jecken

Rio, Venedig, Teneriffa oder Köln? Wenn Sie wüssten, wie ausgelassen die Jecken auf Malta sind, würden Sie nicht zögern, im Februar zusammen mit den Maltesern den Winter auszutreiben. Hauptsächlich findet der Karneval in Valletta statt, aber mittlerweile auch in anderen Orten Maltas. Dabei leben auch alte Traditionen wieder auf, wie zum Beispiel die ›Parat‹, ein Säbeltanz zum Gedenken an den Sieg über die Türken 1565, oder der Nationaltanz ›il-Maltija‹, der auf den Maskenbällen der Offiziere aufgeführt wurde. Die besten Tanzvorstellungen und die schönsten Kostüme werden mit Preisen belohnt.

MUZEW MARITTIMU

Alte Städte und junge Badeorte

In den Anfangszeiten der Ordensritter war Vittoriosa mal das, was heute Valletta ist – Sitz der Regierung, Mittelpunkt der Macht. Zusammen mit Cospicua und Senglea gehört es zu den ›Three Cities‹, den drei alten Städten, die bereits vor Valletta an der Ostseite des Grand Harbour bestanden. Doch längst haben ihnen die nordwestlich von Valletta gelegenen Vorstädte als Wohn- und Ausgehadresse den Rang abgelaufen. In Sliema und im benachbarten St. Julian's treffen sich Einheimische und Touristen tagsüber auf der Strandpromenade und abends in Bars, Cafés und Restaurants.

Bei der Osterregatta im Grand Harbour müssen sich die Ruderer mächtig ins Zeug legen.

▲ Alte Pracht: Wohnhäuser ... ▼ ... und Inquisitorenpalast in Vittoriosa ▲ Die alte Hauptstadt von der Meerseite aus

▼ Junge Mutter mit Sprössling bei der Osterregatta

Wer dem Treiben in der Stadt entfliehen und sich zugleich einen Überblick über die einzelnen Stadtteile von Valletta verschaffen möchte, der steigt ganz einfach auf das Motorschiff in Sliema, um an der zweistündigen Rundfahrt durch einen der besten Naturhäfen der Welt teilzunehmen. Die Küstengeschwader und Festungswälle der Insel sieht man dabei aus der Perspektive, aus der seit Jahrhunderten die Seeleuten sie sahen, wenn sie sich Malta näherten. Das Schiff umrundet zunächst Manoel Island, die kleine Insel im Marsamxett Harbour. Das dortige Fort mit seinem prachtvollen Barockportal ließ Großmeister Manoel de Vilhena 1723 zur Befestigung des Eilands errichten. Die Johanniter gründeten an der Seite, die dem Lazzaretto Creek zugewandt ist, ein Hospital und benutzten die Insel als Isolierstation für Kranke.

Als zweite große Landzunge schiebt sich Ta'Xbiex in den Marsamxett Harbour. Die grüne Halbinsel ist ein beliebtes Wohngebiet der maltesischen Oberschicht, wie man an den aristokratischen Villen unschwer erkennen kann. Dazu passt denn auch der riesige Yachthafen in der Bucht, der ebenfalls mediterrane Noblesse verströmt.

Bastionen aus Stein

Schließlich tuckert der Ausflugsdampfer hinaus auf hohe See, vorbei an den Bastionen von Valletta und dem Leuchtturm am Fort St. Elmo. Dann biegt er ein in die große Bucht namens Grand Harbour. Zuerst muss man allerdings die Engstelle passieren, an der die Malteserritter zum Schutz vor feindlichen Schiffen Ketten über das Wasser gespannt hatten. Überwacht wurde die Hafeneinfahrt außerdem durch das Fort Ricasoli (1670). Das Barocktor der Festung weist auf die Kalkara-Bucht, wo die bunten Luzzi und Dghajsas Farbtupfer setzen. In den Werften von Kalkara bauen die Malteser seit alters her ihre Boote. Beherrschend thront an der Spitze der Kalkara-Halbinsel der klassizistische Bau des Bighi Hospitals, das Lord Nelson 1805 als Marinekrankenhaus einrichtete. Noch im Zweiten Weltkrieg wurden Verletzte aus allen Kriegsgebieten des Mittelmeers hierher gebracht.

▲ *Schiffswerft im Hafen von Senglea ...* ▼ *... und Aussichtspunkt Vedette*

◄ Bei der Ostersonntagsprozession ist ganz Cospicua auf den Beinen ▲

▲ Die Blaskapelle darf nicht fehlen ... ▼ ... und ebenso angemessene Kleidung

Die ›unnahbaren‹ Städte

In den Hafenbuchten der ›Drei Städte‹ – Vittoriosa, Senglea und Cospicua – und im riesigen China-Trockendock bei Marsa überragen die Kräne selbst die Kirchtürme. Schon 1919 marschierten die Dockarbeiter nach Valletta, um von den Briten das Selbstbestimmungsrecht für Malta einzufordern. Britanniens gesamte Mittelmeerflotte ging im Grand Harbour vor Anker. Das Fort St. Angelo am Ende der Landzunge von Vittoriosa diente von 1912 bis 1979, als sich die Malteser in aller Freundschaft von ihren Kolonialherren trennten, der britischen Marine als Hauptquartier. Als die Johanniter von Rhodos nach Malta übersiedelten, wählten sie Birgu (Vittoriosa) zu ihrem Rittersitz. Deshalb ähnelt das Fort den Kreuzfahrerburgen der Johanniter im

SPECIAL

Feste auf Malta

Was wäre eine Gemeinde auf Malta ohne ihren Schutzheiligen? Gar nichts, zumindest im Hinblick auf die Freude der Malteser an Festen. Meist wird nicht nur ein Tag gefeiert, sondern gleich mehrere. Natürlich bedarf jede ›festa‹ einer langen Vorbereitung: Kostüme für die Prozession wollen genäht, Musikstücke geprobt und Dekorationen gebastelt sein. Bereits Tage vor dem Ereignis werden Straßen und Plätze mit Blumen, Heiligenbildern, Flaggen und bunten Tüchern geschmückt. Die Pfarrkirchen bekommen ebenfalls ein ›Festtagsgewand‹ mit Lichterketten an der Fassade und Blumenarrangements im Inneren. Wichtigster Programmpunkt des eigentlichen Festes ist die Prozession, bei der die lebensgroße Statue des Heiligen in einem bunten Zug, angeführt von kirchlichen Würdenträgern, durch den Ort getragen wird. Glockengeläut und Blasmusik, das Krachen von Böllerschüssen und die haltlose Begeisterung der Zuschauer begleiten die Prozession, die es im Hinblick auf Lautstärke und Ausgelassenheit problemlos mit so manchem Karnevalszug in Deutschland aufnehmen könnte. Laut und bunt wird es dann noch einmal beim offiziellen Abschluss der ›festa‹, dem nächtlichen Feuerwerk. So richtig zu Ende ist die ›festa‹ aber erst viel, viel später, wenn die letzten Gäste das Licht ausmachen ...

▲ St. Julian's ist ein junger Ort, mit Ausnahme des Spinola Palace

▼ Touristen willkommen: Spinola Bay

▲ *In Sliema starten die Hafenrundfahrten*

▼ *Touristin oder Malteserin?*

▼ *Auf einer luftigen Terrasse sitzt man im ›Girasole‹ in St. Julian's*

Heiligen Land und der Zitadelle auf Rhodos. In den Felsen unter dem Fort wurden Tunnel gegraben, in denen die Galeerensklaven ihre Quartiere hatten.

Das Schiff gleitet entlang der fortlaufenden Befestigungslinie bis zum Senglea Point. Auf den St. Michaels-Bastionen wachen ein Auge und ein Ohr symbolisch über die Tanker im Hafen. Mit Fernrohr oder Zoom erkennt man auch das steinerne Bildnis eines Pelikans an dem zierlichen Aussichtstürmchen ›Vedette‹, der für christliche Nächstenliebe steht.

Urlaubsstimmung überall

Ein endloser Autostrom wälzt sich von den ›Drei Städten‹ nach Valletta und von dort weiter in Richtung Sliema, vorbei an Stadtvierteln mit Reihenhäusern und sich ähnelnden Ortsbildern. Dennoch gibt es feine Unterschiede, die nicht immer auf den ersten Blick auszumachen sind. Qormi beispielsweise genießt immer noch den Ruf, die ›Bäckerstube Maltas‹ zu sein, in Msida befindet sich die Universität, und Gzira besitzt das größte Fußballstadion Maltas.

Touristisch interessant wird es allerdings erst im betont modernen Sliema, wo sich ein Hotel an das andere reiht. In dem reichen Badeort zu wohnen, gilt auf Malta als Statussymbol. Einheimische und Urlauber flanieren abends die Küstenstraße entlang in das quirlige Städtchen St. Julian's. Dort sitzen sie bis spät in die Nacht in der stimmungsvoll illuminierten Bucht, um bei Lampuki oder Ravjul den Blick auf den malerischen Fischerhafen zu genießen.

Mit dem Bus in die ›Drei Dörfer‹

Über die Badeorte an der Küste gerät das Hinterland leicht in Vergessenheit. Dabei ist eine Fahrt in einem der gelben Oldtimer-Busse an sich schon ein Erlebnis! Auf dem Weg in den ländlichen Süden brummt das nostalgische und leider auch nicht sehr bequeme Gefährt zunächst durch die lebhaften Straßen der so genannten ›Drei Dörfer‹. Manches Highlight lässt sich dort sogar aus dem Bus heraus entdecken – wie zum Beispiel der schöne Aquädukt bei Santa Venera, mit dem Großmeister Wignacourt 1615 die Wasserversorgung Vallettas sicherte.

Maßstab 1:40.000
0
600 m
Buġibba
Mġarr, Marsalforn
Għallis Rocks
Qrejten Point
Qalet Marku
88
Baħar ic-Cagħaq Bay
Il-Blata i-Bajda
Baħar Iċ-Ċagħaq
Magħab
Madliena Tower
Ras l-Irqieqa
Fort Madliena
Wied il-Faħam
Pembroke
Madliena
Pembroke Fort
Għargħur
Cart Ruts
St. George's Tower
St. George's Bay
Casino
Dragonara Point
San Pawl Tat-Targa
Il-Qaliet
Paceville
Spinola Palace
Is Swieqi
L-Ibraġ
St. Julian's Point
St. Julian's Bay
St. Julian's
St. Julian's Tower
Malta International Trade Fair Grounds
6
Sliema Point
Sliema
Naxxar
Ta' Giorni
Cart Ruts
7
San Ġwann
Gżira
Kappara
Tigne Fort
Dragutt Point
64
Taż Żwejt
Sliema Creek
Manoel I.
Fort Manoel
St. Elmo Point
Fort St. Elmo
St. Elmo Lighthouse
Lija
Athletics Track
University of Malta
Empire Stadium
Lazzaretto Creek
Marsamxett Harbour
VALLETTA
Balzan
Il-Qasbija
Tal-Mirakli
Birkirkara
Ta' Xbiex
Grand Master's Palace
St. Anton Palace and Gardens
5
Msida Creek
Ricasoli Point
Ricasoli Fort
St. John's Co-Cathedral
Floriana
Grand Harbour
Msida
TCM
Bus Terminal
Fort St. Angelo
1
Wignacourt Aqueduct
Santa Venera
Pietà
Argotti Botanic Gardens
St. Publius Church
The Point
Attard
Casa Leoni
Gwardamanga
Kalkara Creek
Kalkara
4
Senglea
Dockyard Creek
Inquisitor's Palace
(Il Isla)
Vittoriosa
Tad -Dwieli
Hamrun
Wied is-Sewda
French Creek
Cospicua
Il-Kortin
Bormua
Rock Gate
Kordin
Hal-Qormi
Marsa Creek
St. Glenn Gate
Zabbar
Tal Hlas Church
2
3
L-Istabar
Marsa
Haż-Żebbuġ
Marsa Sports Club
Mosque
Għajn Dwieli
Polverista Gate
Ta' Grazzja
St. Philip Church
De Rohan Gate
Għammieri
Paola
Tal Borg
Hompesch Arch
Hal Mula
Hypogäum
Fgura
Żabb
St. Vincent de Paul Hosp.
Tarxien Temples
Tal-Horr
St. Bartholomew Hosp.
Wied Qirda
Wied il-Kbir
Tarxien
24
Luqa
76
Hesri
Siġġiewi
Santa Lucija
Wied Hanzir
St. Lucia Church
24
Tac Cawla
76
Żejtun
Malta International Airport

Infos

Die Triq Marina in Sliema ist ein beliebter Treffpunkt bei Sprachschülern

Vittoriosa 1

Auf einer Landzunge zwischen Kalkara und Dockyard Creek, von Valletta durch den Grand Harbour getrennt, liegt Vittoriosa, das einstige Birgu. Glanz und Gloria der ›Siegreichen‹ sind natürlich längst vergangen, doch darin liegt gerade der Reiz der Stadt, die einen morbiden Charme verströmt. Vittoriosa, neben Senglea und Cospicua eine der ›Drei Städte‹, wurde noch vor Valletta gegründet und 1565 während der Großen Belagerung erfolgreich gegen die Türken verteidigt – deshalb auch der Beiname ›die Siegreiche‹. Doch bereits wenige Jahre danach, 1571, zogen die Johanniter in die neue Hauptstadt Valletta um, und Vittoriosas Glanzzeiten waren dahin. Aus der Zeit, als die Ordensritter hier residierten, gibt es noch einige Baudenkmäler, ansonsten ist Vittoriosa wie die beiden benachbarten Städte vor allem eine Wohnvorstadt für Valletta. Da es hier keine Hotels und keine touristische Infrastruktur gibt, kommen die meisten Besucher nur für einen Tagesausflug in die Stadt. Herrlich ist der Blick von den Bastionen am Stadttor auf die riesigen Ozeandampfer und Boote am alten Galeerenkai.

Sehenswert: Vittoriosa ist an drei Seiten von Wasser umgeben. Auf der Landseite schützten ein Wassergraben sowie mächtige Bastionen die Stadt vor unerwünschten Besuchern. An der Spitze der Landzunge wurde auf den Ruinen eines alten Juno-Tempels das **Fort Sant Angelo** erbaut, das allerdings für Besucher nicht zugänglich ist. Besichtigen kann man aber den **Inquisitorenpalast**, der auch eine kleine volkskundliche Sammlung beherbergt. Der Säulenhof in dem von außen geradezu finster und abweisend wirkenden Gebäude, in dem bis 1798 die vom Papst ernannten Inquisitoren residierten, erinnert an den Großmeisterpalast der Ritter auf Rhodos. Von einer kleinen Treppe für die Gefangenen kann man in den so genannten Galgenhof schauen. Den Gerichtssaal mussten die widerspenstigen Gefangenen in gebückter Haltung durch eine niedrige Tür betreten. Den Großen Ratssaal schmückt ein Fries mit gemalten Wappen der Inquisitoren. Unter den Kirchen in Vittoriosa ist vor allem **St. Lorenz** sehenswert. Der 1697 vollendete Bau war die erste Klosterkirche der Johanniter auf Malta. Das Hochaltarbild stammt von Mattia Preti. In einer Kapelle von St. Lorenz, dem **St. Joseph's Oratorium**, wird das Schwert von Jean de la Valette aufbewahrt. Vor der Kirche erinnert das **Freiheitsdenkmal** daran, dass hier 1979 die letzten britischen Marinesoldaten einschifften, um Malta zu verlassen. Am benachbarten Vittoriosa Kai wurde 1991 im ehemaligen Gebäude der Marinebäckerei das **Nationale Marinemuseum** eröffnet, das einen Einblick in die maltesische Schifffahrtsgeschichte ermöglicht.

In dem Gassenlabyrinth rund um den Vittoriosa Square stehen noch einige der einstigen **Ritterherbergen**, der **Bischofspalast** (1542) mit seinen Kornspeichern sowie der einstige Sitz der **Università** (1538) und das bereits 1532 erbaute, auch heute noch eindrucksvolle **Ordenshospital** in der St. Scholastica Street.

Senglea 2

Die Stadt verdankt ihren Namen Großmeister Claude de la Sengle (1553–1557), der die Halbinsel, auf der Senglea liegt, vor der Großen Belagerung zu einer Befestigung ausbauen ließ. Im Zweiten Weltkrieg wurde Senglea schwer zerstört, danach aber wieder aufgebaut. Heute wohnen hier vor allem Hafen- und Werftarbeiter. Zwischen den Häusern flattert die Wäsche auf den Leinen, und unten am Kai warten die Gondola-Wassertaxis auf Touristen.

Sehenswert: Besucher kommen ausschließlich wegen der **Vedette**, einem Aussichtspunkt an der Spitze der Landzunge mit einer kleinen Parkanlage. Von hier genießt man einen herrlichen Blick auf die Trockendocks und über den Hafen hinüber nach Valletta, wo die großen Kreuzfahrtsschiffe vor Anker liegen.

Cospicua 3

Als letzte der ›Drei Städte‹ wurde Cospicua gegründet. Es schließt nahtlos an Vittoriosa an und wird von den Maltesern Bormla genannt.

Sehenswert: Die einzigen Sehenswürdigkeiten von Cospicua sind die beiden breiten Mauerringe, die von den Ordensrittern angelegt wurden. Die 4600 m langen **Cottonera Lines** (1670) umgürten die ›Drei Städte‹ landeinwärts bis zum Fort Ricasoli. Durch die Mauern führen mehrere Tore, von denen das Zabbar-Tor das mächtigste ist. Bereits 1638 wurden die **Margarita Lines** als innerer Mauerring erbaut. Der Bau dieser Befestigungsringe lässt sich nur mit der Verschwendungssucht der Ordensritter erklären, die zu jener Zeit keine nennenswerten Feinde mehr hatten.

Santa Venera 4

Santa Venera ist ein Vorort von Valletta wie Marsa, Gzira oder Msida, deren Grenzen sich kaum noch ausmachen lassen. Auch im Ortsbild ähneln sie sich sehr, so dass man leicht die Orientierung verlieren kann.

Sehenswert: In Santa Venera ist noch ein längeres Stück des im 17. Jh. angelegten **Wignacourt-Aquädukts**, einer Wasserleitung nach römischem Vorbild aus der Johanniterzeit, sowie der **Palazzo Leone**, eine Villa im palladianischen Stil, die sich 1730 Großmeister Manuel de Vilhena bauen ließ. Am Hafen im benachbarten Msida steht das Waschhaus des deutschen Ritters Guttenberg.

TIPP

Learning Englisch

Warum nicht das Nützliche mit dem Angenehmen verbinden und unter südlicher Sonne Englisch lernen? Malta ist mit rund 40 Sprachschulen bestens darauf eingerichtet. Das Angebot reicht vom Schülerferienkurs bis zum Businessenglisch für gestandene Manager. Als Alternative zur Hotelunterkunft gibt es auch die Möglichkeit, bei einer maltesischen Familie zu wohnen – sehr zu empfehlen! Informationen über Sprachreisen nach Malta erhält man bei Reisebüros, Sprachreiseveranstaltern und beim Maltesischen Fremdenverkehrsamt.

Abends gibt es auf den Restaurantterrassen von Spinola Bay so gut wie kein freies Plätzchen

TIPP

Sportliche Gäste

Wer sich auch im Urlaub engagiert sportlich betätigen will, ist beim Marsa Sports Club bestens aufgehoben. Urlauber können tage- oder wochenweise Mitglied werden. Der Club besitzt u. a. einen vornehmen 18-Loch-Golfplatz in einem für maltesische Verhältnisse unglaublichen Grün. Informationen: Tel. 21239302.

Birkirkara 5

Birkirkara hat rund 20 000 Einwohner und wetteifert mit Sliema um den Ruf der größten Stadt Maltas.

Sehenswert: In Birkirkara ist noch die originale **Bahnstation** der einstigen Bahnlinie von Rabat nach Valletta erhalten (Station Park). Die Bahnverbindung bestand von 1883 bis 1931. Außerdem kann sich Birkirkara mit St. Helena der schönsten Barockkirche des Landes rühmen. Erbaut wurde das Gotteshaus um das Jahr 1740. Die 5 t schwere Hauptglocke wird noch, wie fast alle Glockenspiele auf Malta, mit dem Hammer geschlagen.

Veranstaltungen: Die Festa im benachbarten Ort **Lija** am 8. August ist bekannt für ihr fantastisches Feuerwerk, das angeblich auf Malta seinesgleichen sucht.

Einkaufen: Eine willkommene Abwechslung zu Boutiquen und Souvenirshops ist der **Fisch- und Bauernmarkt** in Birkirkara, der vormittags abgehalten wird.

TIPP

Süditalienische Luft

An klaren Tagen ist Sizilien von Malta aus gut zu sehen, obwohl es immerhin 80 km entfernt liegt. Rund 2 1/2 Stunden dauert die Überfahrt, die als Eintagesausflug fast jedes Reisebüro auf Malta anbietet. Für 36 Maltesische Lira kann man außerdem mit dem Bus über die Zitroneninsel fahren und dabei ein bisschen süditalienische Luft schnuppern.

Sliema 6

Sliema ist einer der Haupttouristenorte auf Malta und außerdem ein bei Maltesern beliebtes Wohngebiet in unmittelbarer Nähe zur Hauptstadt. Klassische Sehenswürdigkeiten sucht man in diesem sehr städtisch geprägten, erst in den 1870er-Jahren gegründeten Vorort vergebens, dafür lockt Sliema mit zahlreichen Geschäften und Souvenirshops, Bars, Restaurants und Cafés und einer breiten Seepromenade, auf der man herrlich bummeln kann. Die Auswahl an Hotels in allen Kategorien ist ebenfalls immens. Außerdem erreicht man von Sliema fast alle Orte Maltas schnell per Bus oder mit dem Schiff.

Sehenswert: Das alte, 1792 von den Johannitern gebaute **Fort am Dragut Point** der Tigne-Halbinsel wurde bis auf drei Gebäude abgebrochen. Im **Fortizza** genannten historischen **Fort** an der Tower Road, einem schönen Beispiel für die britische Militärarchitektur aus der Mitte des 19. Jh.s, sind heute ein Freibad und ein Restaurant untergebracht. An der Nordseite der Halbinsel von Sliema errichteten die Johanniter 1658 den **St. Julian's Tower**. Den Jugendstil auf Malta repräsentieren die **Balluta Buildings** neben der 1871 von Emanuele Galizia erbauten Karmeliterkirche in der gleichnamigen Bucht.

Aktivitäten: Am Sliema-Kai legen die meisten **Ausflugsschiffe** an. Die Captain Morgan Cruises bieten u. a. Hafenrundfahrten, Unterwassersafaris, Inselumrundungen und Ausflüge nach Gozo und Comino.

Restaurants: Aus der Vielzahl von Gaststätten empfehlen wir das kleine, intime **Il Galeone** (italienische und französische Küche) an der Tigne Seafront, Tel. 21316420, das holzgetäfelte Fischrestaurant **The Winston** in der High Street, Tel. 21335800, das **Italianni's** in der Tower Road, Tel. 21332521, und das indische Restaurant **Krishna** an der Küstenstraße The Strand, Tel. 21315731.

Unterkunft: Ein stilvolles, angenehmes Vier-Sterne-Hotel ist das **Victoria**, Tel. 21334711, Fax 21334771, www.victoriahotel.com, ein freundlich geführtes Drei-Sterne-Hotel in ruhiger und zentraler Lage das **Imperial**, Tel. 21344093, Fax 21336471, **Preluna Hotel and Towers**, ein modernes Hotel an der Tower Road, der Küstenpromenade Sliemas mit Wellness-Bereich und Schwimmbad direkt am Meer, Tel. 21334001, Fax 21342292, www.preluna-hotel.com.

Strände: An der felsigen Küste gibt es Liegeplätze und hier und da in den Fels gehauene Badepools. Der Zugang zum Meer erfolgt meistens über Badeleitern und ist bei rauer See sehr gefährlich.

Fenek: Kaninchen mit Tomaten und Kapern

Infos

St. Julian's 7

St. Julian's hat sich noch viel vom Charme eines Fischerortes bewahren können. Der Ortsteil Paceville dagegen gilt vor allem als Dorado für Nachtschwärmer und Liebhaber eleganter Hoteladressen, die sich vornehmlich an der St. George's Bay finden.

Sehenswert: In der malerischen, von Restaurantterrassen umgebenen Fischerbucht **Spinola Bay** zeigt sich St. Julian's von seiner liebenswertesten Seite. Hier duftet es nach Tang, Fischer breiten ihre Netze zum Trocknen aus, und bunte Luzzi-Boote dümpeln im Wasser. Im Ortskern von St. Julian's, an der Ecke Spinola Street/St. George's Road, steht der barocke **Spinola Palace** (1688) mit einem schönen Palmengarten hinter hohen Mauern. In seinen Kellergewölben wurde ein rustikales Restaurant eingerichtet.

Einkäufe: In der mehrstöckigen Einkaufspassage mit vielen Nobelboutiquen und Restaurants kann man sich für nur 50 Cent auf speziellen Stühlen den vom Flanieren gestressten Rücken massieren lassen.

Restaurants: In St. Julian's ist die Auswahl an Pubs, Kneipen, Pizzerias und Restaurants so groß wie fast nirgends sonst auf Malta. Am schönsten sitzt man abends rund um die

Die junge Szene trifft sich in Paceville

stimmungsvoll beleuchtete **Spinola Bay**, wo die Plätze aber auch schnell besetzt sind. Einen herrlichen Rundblick auf die Bucht genießt man im **La Dolce Vita**, St. George's Road 159, Tel. 21337806. Romantik pur bietet das **Barraccuda**, Main Street 194, Tel. 21331817. Im **Sumatra** kann man verschiedene asiatische Küchen probieren, Spinola Road 139, Tel. 21310991.

Unterkunft: Nahe am Zentrum von St. Julian's, aber dennoch ruhig: das **Radisson SAS Bay Point Resort** (Fünf Sterne) in der St. George's Bay mit gepflegter Gartenanlage und Tennisplätzen, Hallenbad, Fitnesszentrum, zwei Freiluftschwimmbecken. Tel. 21374894, Fax 21374895. Den Mittelpunkt des **Corinthia San Gorg Hotel**, ebenfalls ein Fünf-Sterne-Hotel in der St. George's Bay, bildet die kaskadenförmige Poolanlage, die zum hoteleigenen Strandbad hinabführt, Tel. 21374114, Fax 21374039, www.corinthiahotels.com. In dem kleinen, gemütlich-familiären Drei-Sterne-Hotel **Rafael Spinola** wohnt man ruhig und ist doch nur 100 m von der Spinola Bay entfernt, Tel. 21374488/9, Fax 21336266, www.rafaelspinolahotel.com.

Strände: In der **St. George's Bay** gibt es einige hoteleigene Strände. Unterhalb der Palmenpromenade in der Balutta Bay ist der Strand zwar felsig, aber relativ flach.

Nachtleben: ›Gott schuf diesen Himmel für uns‹ steht in lateinischer Sprache am Hofportal vor dem **Casino** von St. Julian's im ehemaligen Dragonara-Palast. Der Spruch stammt noch aus der Zeit, als der Palast seinen adeligen Besitzern als Sommerresidenz diente. Heute kann hier jeder sein Glück versuchen – sogar in Jeans und ohne Krawatte (aber mit Reisepass!). Wer sich bis früh in den Morgen amüsieren will, muss nach **Paceville**, wo man die meisten Diskotheken und Nachtklubs findet, so z. B. die **Fuego Salsa Bar** in der St. George's Bay, Tel. 21386746.

Umgebung: Im **Marine Park White Rocks** in Bahar ic-Caghaq, auf dem Weg zur St. Paul's Bay, kann man exotische Tiere bestaunen oder Dressurvorführungen mit Seelöwen und Delphinen besuchen (geöffnet Mo.–Sa. 13.00–15.15 und 15.00–17.15, So. 10.30 bis 12.45 und 13.00–15.00 Uhr).

Grüße in die Heimat aus dem Internetcafé

SPECIAL

Mord oder Sport?

Der Käfig aus Maschendraht ist zu klein, als dass der Vogel darin umher fliegen könnte. Soll er auch nicht, denn er sitzt hier, um andere Vögel anzulocken. Nähert sich ein Tier dem Käfig, dann ist es schon so gut wie in der Falle. Eine ebenso einfache wie ausgeklügelte Konstruktion ermöglicht es dem in einem Versteck lauernden Vogeljäger, es in ein unsichtbares Schlagnetz zu verstricken. Jährlich werden so auf Malta Hunderttausende von Vögeln gefangen, um sie dann zu töten und auszustopfen. Ein Volkssport, ebenso wie die Vogeljagd mit dem Gewehr. Schätzungen zufolge werden jedes Jahr 12 Mio. Patronen in die Luft geballert, umgerechnet 250 t Blei. Besonders begehrt sind selten gewordene Vogelarten, die auf Märkten hohe Preise erzielen – schlechte Karten für unsere gefiederten Freunde! Schon seit Jahren laufen maltesische Vogelschützer Sturm gegen diese grausame Tradition, der nicht nur viele einheimische Vögel, sondern auch unzählige rastende Zugvögel aus Nord- und Mitteleuropa zum Opfer fallen. Erreicht haben die Tierschützer immerhin, dass es Schutzzonen und Schonzeiten gibt sowie Jagdverbote für gefährdete Vogelarten. Doch immer wieder müssen sie feststellen, dass selbst Verbote die Vogeljäger nicht von diesem grausamen ›Sport‹ abhalten können, und dass vielen jede Einsicht fehlt. Das Ende der Vogeljagd ist in Malta noch lange nicht in Sicht – schließlich ist sie fast annähernd so beliebt und verbreitet wie Fußball!

Lockvogel im Käfig

Maltas stille Seite

Wie bei vielen Inseln pulsiert das Leben an der Küste, wo die Häfen und die Badeorte liegen, und im Fall von Malta auch die Hauptstadt. Landeinwärts verläuft sich der Trubel, und dort, wo Vallettas Vororte enden, beginnt das Zentrum der Insel. Zu entdecken gibt es hier eine so faszinierende Stadt wie das mittelalterliche Mdina, eine gewaltige Kuppelkirche im benachbarten Mosta, eine atemberaubende Steilküste auf der Südwestseite der Insel und dazwischen Äcker, Weinberge und den einzigen Wald auf Malta, Buskett Gardens.

Karwoche in Mosta: Gläubige versammeln sich zum Gebet in der Rotunda.

▲ Mdina, eine Stadt wie eine mittelalterliche Burg

▲ In der Kathedrale St. Peter und Paul

▲ Die Kathedrale St. Peter und Paul

▼ Stadt mit Geschichte: Der Touristenführer hat viel zu erzählen

▼ *Ein vertrautes Bild: Pferdekutschen statt Autos ...* ▲ *... in den Gassen von Mdina*

Wie eine Schildkröte in ihrem Panzer verkriecht sich die Stadt auf auf dem Dingli-Plateau hinter den dicken Mauern ihrer Festung. Zeit muss sich nehmen, wer Mdina und sein ländliches Umland verstehen will. Was über die Jahrhunderte gewachsen ist, lässt sich nicht in einer Stunde begreifen. In Mdina ist das Leben anders getaktet als anderswo auf Malta. Besucher spüren das schnell, denn kaum haben sie das barocke Stadttor mit der alten Zugbrücke passiert, verlangsamen sich ihre Schritte. Eine eigenwillige Atmosphäre herrscht in dem Städtchen, dessen schmale Gassen allenfalls für Pferdekutschen, nicht aber für Autos geschaffen sind. Dies ist vielleicht einer der Gründe, warum Mdina nicht nur ein stiller, sondern auch ein beruhigender Ort ist.

Eintauchen in eine andere Welt

Mit eisernem Schweigen haben sich die Benediktinernonnen hinter die kahlen Klostermauern am Haupttor zurückgezogen. Niemals mehr setzen sie ihren Fuß vor die Pforte, und die kleinen Fensteröffnungen ganz oben an der Fassade lassen keinerlei Versuchung durch Augen oder Ohren zu. Unweigerlich hat man das Gefühl, die wenigen hundert Einwohner der Stadt täten es den Nonnen gleich. Nur das Vogelgezwitscher, das aus den begrünten Innenhöfen nach draußen dringt, durchbricht die Stille. Niemand wird öffnen, sollte man es wagen, einen der goldenen Delphine an das Holz der Türen zu schlagen.

Die Unnahbarkeit der Bewohner ist ein Relikt aus den Zeiten der Ordensherrschaft. Als die Johanniter auf Malta auftauchten, zog sich der alte maltesische Feudaladel, der von den neuen landfremden Herren nichts wissen wollte, in vornehmer Unnahbarkeit nach Mdina zurück. So kommt es, dass sich heute noch hinter dicken Mauern feinste Antiquitäten verbergen, die nur Nachbarn und Freunde, niemals aber Fremde zu sehen bekommen.

Stadt des Adels

Am Haupttor von Mdina prangt das Wappenschild der Familie Inguanez. Rund die Hälfte der Einwohnerschaft kann seine Ahnenreihe auf dieses Adelsgeschlecht zu-

▲ Pauluskirche in Rabat

▲ Schattiges Plätzchen vor der Pauluskirche

▼ Im Restaurant ›Cosmana Navarra‹ in Rabat

▲ Gut gelaunte Ordnungshüter

▲ Dass sich ja keiner hier hoch wagt ...

▼ In den Paulus-Katakomben

SPECIAL

Die Römer auf Malta

Selten haben die Römer in einem Land, das sie nachweislich dem Imperium Romanum einverleibt hatten, so wenige Spuren hinterlassen. Selbst das Pflaster der Stadt Mdina, wo die Geschichte der Insel im Grunde allgegenwärtig ist, hat kühles Schweigen über die römische Epoche gelegt. Bei Umbauten im Benediktinerkloster stieß man auf die Reste eines Amphitheaters, das in die Fundamente des Klosters integriert wurde. Dass Mdina auf antiker Bausubstanz steht, zeigen auch die Schachtgruben in den Straßen, wo römische Kapitelle und Säulen zum Vorschein kamen. Durch den Frieden von Zama im Jahr 201 v. Chr., nach Beendigung des Zweiten Punischen Krieges, wurden Malta und Gozo Teil der Provinz Sizilien. ›Melita‹, so der römische Name von Mdina, umgaben die Römer mit gewaltigen Festungsmauern, weshalb sie die Araber dann später Mdina, ›die von Mauern umgebene Stadt‹, tauften. In der Römerzeit war sie noch mit dem unterhalb liegenden Rabat vereint und etwa drei Mal so groß wie heute. Erst die Araber trennten Melita/Mdina und Rabat und legten damit den Grundstein für die unterschiedliche Entwicklung der beiden Städte. Eine Vorstellung davon, wie die Römer auf Malta lebten, erhält der Besucher heute nur noch an zwei Stellen: in den freigelegten Ruinen eines römischen Bades bei Mgarr und in der römischen Villa zwischen Mdina und Rabat, in deren Atrium ein sehenswerter Mosaikfußboden erhalten geblieben ist.

rückführen. Damals wie heute ist man stolz darauf, Einwohner von Mdina zu sein. Niemals ließen die Bewohner ihre Stadt im Stich – daran änderten weder Normannen oder Staufer, noch Anjou und Spanier etwas. Schon 1422 wehrten sie 18000 türkische Soldaten ab, worauf König von Alfonso von Aragon die Stadt ›Citta Notabile‹ taufte. Nachdem die Johanniter 1530 Malta von Karl V. erhalten hatten, schlugen sie ihr Quartier für zwei Jahre in Mdina auf, dessen Unabhängigkeit damit dahin war. Obwohl Mdina Sitz einer Università, einer Selbstverwaltungsinstitution des maltesischen Adels, war, ging die Be-

▲ Gesteinsrillen, die Rätsel aufgeben: Clapham Junction

▲ Unberührte Inselnatur ...

▼ ... oberhalb der steilen Dingli Cliffs

▲ Ob sein Pferd wohl das Rennen macht?

▲ Publikumsmagnet in Rabat: das Trabrennen

▼ Die Buskett Gardens, Maltas einziger Wald

deutung der Stadt weiter zurück, als die Ritter erst nach Birgu (Vittoriosa) und dann nach Valletta umzogen. Nach dem Erdbeben von 1693 ließ Großmeister Manoel del Vilhena Paläste im Stile der Renaissance und des Barock erbauen. Auch sein Wappen ist über dem Torbogen zu sehen. Mdina tauften die Ritter ›Citta Vecchia‹, die alte Stadt. Das ist sie bis heute geblieben.

SPECIAL

Rätselhafte Spuren

Bei der näheren Erforschung der bronzezeitlichen Siedlungen auf Malta machten die Archäologen eine eigenartige Entdeckung: Sie fanden in der Nähe dieser Siedlungen paarweise angeordnete, bis zu 75 cm tiefe und 30 cm breite Gesteinsfurchen, die vermutlich von Menschenhand angelegt worden waren. Fragt sich nur, zu welchem Zweck. Da die gleisartigen Rillen nicht selten zu Salzgärten und sogar ins Meer hinunterführten, deutete man sie als Transportwege für Fisch und Salz oder auch für Algendünger und Erde. Neueste Untersuchungen legen die Vermutung nahe, dass auf den ›Cart Ruts‹ auch Steine transportiert wurden. Die Nähe antiker Steinbrüche zu den Gesteinsrillen spricht dafür. Auch die Theorie, dass diese Furchen Teil eines Bewässerungssystems waren, ist nicht ganz von der Hand zu weisen. Die Bauern aus der Gegend haben noch eine weitere Theorie parat. Sie glauben, die Spuren seien infolge von Erdbewegungen entstanden, denn das ganze Land sei schließlich mit einem steinernen Rillenmuster überzogen. Später hätten die Menschen die Rillen von Hand zu Gleisen ausgemeißelt, um sie als Transportwege zu benutzen. Alle Deutungsversuche haben einen schlüssigen Ansatz, doch es scheint, dass die frühgeschichtlichen ›Gleise‹ auch weiterhin zu den ungelösten Rätseln der maltesischen Geschichte zählen werden.

Der Apostel und die Märtyrerin

Betrachtet man das löwengeschmückte Haupttor von Mdina von der der Stadt zugewandten Seite, so entdeckt man ein Relief, das sich mit der Pauluslegende beschäftigt. Gewiss, am liebsten würde jede Insel im Mittelmeer dem schiffbrüchigen

▲ Der Präsidentenpalast in Attard ...

▼ ... ist von einem bezaubernden Park umgeben, der auch Besuchern offen steht

▲ Warten auf den nächsten Fahreinsatz

▲ *Die riesige Kuppel ist das Erkennungszeichen ...* ▼ *... der Rotunda in Mosta*

▼ *In der Karwoche wird eine Christusfigur in der Rotunda zur Schau gestellt*

Paulus Asyl gewährt haben, und die Meinungen der Gelehrten darüber, welche Insel nun ›Melita‹ war, gehen bis heute auseinander. Die Malteser halten verständlicherweise daran fest, dass das biblische Feuer für Paulus auf ›Melita‹ angezündet wurde und ihm hier die Schlange in die Hand biss. Beide Ereignisse sind am Tor der Stadt verewigt. Links daneben ist der römische Statthalter Publius abgebildet, dessen Vater Paulus von Fieber und Ruhr geheilt haben soll. Der Palast des Publius stand dort, wo sich heute die Kathedrale erhebt, die mit gemalten Szenen aus dem Leben des Apostels ausgeschmückt ist. Wahrscheinlich stand hier schon im 4. Jh. eine frühchristliche Basilika, doch deren Mauerreste verschwanden unter den Grabplatten des maltesischen Adels.

SPECIAL

Lauter Superlative

Der Südwesten Maltas ist ländlich und dünner besiedelt als andere Teile der Insel. Dennoch: Malta ist nach Monaco und Singapur das am dichtesten besiedelte Land der Welt. 1189 Menschen leben hier durchschnittlich auf einem Quadratkilometer. Im Vergleich: In Deutschland sind es gerade mal 230, in Italien nur 191. Kein Wunder, dass die Grundstückspreise auf Malta auf schwindelerregende Höhen klettern und bereits das Niveau von London und Paris erreicht haben. Und noch ein Superlativ: Malta ist das Land mit der höchsten Autodichte: Knapp 380 000 Einwohner haben rund 240 000 Wagen in Benutzung, das bedeutet, so ziemlich jeder erwachsene Malteser ist motorisiert!

Bei näherer Betrachtung wird man aber auch noch eine weibliche Person auf der Innenseite des Stadttores entdecken. Es ist die hl. Agatha. Auch sie fand auf Malta Zuflucht. Agatha stammte aus einer vornehmen christlichen Familie und sollte den ungläubigen römischen Statthalter von Catania auf Sizilien heiraten. Als sie dies verweigerte, wurde sie zur Märtyrerin. In den St.-Agatha-Katakomben in Rabat soll sie sich angeblich vor ihren Verfolgern, Kaiser Decius und seinen Soldaten, versteckt haben.

San Martin
Il-Għadira
88
Burmarrad
Golden Bay
Għajn Tuffieħa
Wardija Ridge
Tas-Serb
Għajn Tuffieħa Bay
Roman Baths
Ras il-Pellegrin
Għejna Bay
Mġarr
L-Iskorba
Żebbiegħ
Ħal Dragu
Wied Ta'l-Arkata
Victoria Lines
Naxxar
Mosta
Tal-Wej
Ta'Ħagrat Temples
Skorba Temples
Lippija Tower
L-Iskorvit
Bingemma
Falka Gap
Il-Busbesija
Tal-Wata
Is-Sgħajtar
Ta' Mlit
Ta'l-Abatija
Fomm ir-Riħ Bay
Ras ir-Raħeb
Tas-Santi
Dwejra Lines
Bingemma Fort
Bingemma Gap
Il-Qolla
Ta'Qali
Tal-Mir
St. Martin's
Baħrija
Għemieri
Mtarfa
Tal Madliena
Misraħ Kola
L-Andrijet
Għajn Qajjied
Mdina
Cathedral of St. Peter and Paul
Tal Merħla
Nigred
Rabat
St. Paul's Church
St. Paul's Catacombs
Tas Saqqajja
Ħal Bajjada
Tal Virtu'
Ħal Muxi
Ħaż-Żebbuġ
Ta' Baldu
Migra l-Ferħa
Ras id-Dawwara
Ġnien il-Kbir
Ħal Dwien
Misraħ Suffara
Verdala Palace
Dingli
Buskett
Buskett Gardens
Clapham Junction
Il-Ħesri
Siġġiewi
Rdum Depiro
Rdum Dun Nazju
Dingli Cliffs
Rdum Dikkiena
Inquisitor's Palace
Salib ta' Laferla
Underground Chapel
Cave Dwellings
Ġebel Ċantar
Tal Providenza
Il-Kullana
Tal Bajjada
Għar Lapsi
Ras Ħanżir
Ħaġar Qim
Mnajdra Temples
Ras il-Ħamrija
1
2
3
4
5
50
24
Maßstab 1:50.000
0
1km

Infos

Das Café ›Fontanella‹ ist eine viel geliebte Institution in Mdina

TIPP

Kaffee mit Aussicht

Eines kommt im Café Fontanella Tea Garden in Mdina bestimmt nicht zu kurz: das Auge. Denn man sitzt sozusagen auf der Stadtmauer und genießt bei einer Tasse Kaffee und leckerem maltesischen Gebäck einen wunderbaren Blick auf die Umgebung!

Mosta 1

Mosta bedeutet ›Zentrum‹, und zumindest was die Lage des betriebsamen Städtchens (ca. 9000 Einwohner) und den Verkehr um den Hauptplatz mit der gewaltigen Kuppelkirche angeht, ist der Name zutreffend.

Sehenswert: Eine der größten Kuppelkirchen Europas steht in Mosta: die Mariä Himmelfahrt geweihte **Rotunda**, ein neoklassizistischer Zentralbau nach dem Vorbild des berühmten Pantheons in Rom. Rund 12000 Menschen können sich unter der riesigen Kuppel versammeln, die sich mit einem Durchmesser von 52 m und einer Höhe von 60 m wie ein Zelt über dem staunenden Betrachter spannt. Die lateinische Inschrift auf dem Fries über den ionischen Eingangssäulen besagt: ›Erbaut für die den Sternen zurückgegebene Jungfrau durch die Bewohner von Mosta im Jahre des Heils 1857.‹ Finanziert wurde die Kirche aus Spenden der Bevölkerung von Mosta, und es heißt, die freiwilligen Helfer hätten bei den Kuppelarbeiten sogar auf ein Gerüst verzichtet, um keine unnötigen Kosten zu verursachen. Als 1942 eine Fliegerbombe, die durch ihr Dach schlug, nicht explodierte und keinen der 300 anwesenden Gläubigen verletzte, glaubte man an ein Wunder.

TIPP

Adel verpflichtet

Wie lebte der Adel im 19. Jh. auf Malta, mit welchen Kunstwerken umgab er sich, welchen Geschmack pflegte er, womit vertrieb er sich die Zeit? Diese und andere Fragen werden bei einem Besuch im Palazzo Parisio in Naxxar beantwortet. Der Palast, den man im Rahmen einer Führung besichtigen kann, gehört bis heute der Familie des Erbauers, Marquise Giuseppe Scicluna. Nicht nur der 600 kg schwere Kronleuchter im neobarocken Saal, auch die alten Billardstöcke in der Ecke des Billardzimmers und die handgeklöppelten Spitzendecken erzählen Geschichten vom Alltagsleben auf einem ländlichen Adelssitz. Öffnungszeiten: Mo.–Fr. 9.00–13.00 Uhr (Führungen jeweils zur vollen Stunde), www.palazzoparisio.com.

Umgebung: Zwischen **Balzan** und **Attard**, südöstlich von Mosta, steht noch ein Teilstück des Wignacourt-Aquädukts. Die Hauptattraktion von Attard sind aber die St. Anton Gardens zwischen **Lija** und **Attard**. Der kleine, sehr gepflegte Park ist öffentlich zugänglich, gehört aber zum St.-Anton-Palast, der seit ca. 30 Jahren vom maltesischen Präsidenten als Privatwohnsitz genutzt wird. Die Pläne für die Gartenanlage waren ein Geschenk Ludwigs XIV. an Großmeister Antoine de Paule. Viel bestaunt wird der riesengroße Gummibaum, dessen meterdicker Baumstamm ein Kunstwerk aus Wurzeln und Ästen ist.

Unterkunft: **Corinthia Palace**, Attard, Tel. 21440301, Fax 21465713. Luxuriöse Zimmer, zwei Restaurants mit internationaler Küche. 50 verschiedene Therapien werden im Wellness-Center ›Athenaeum‹ mit Pool und Saunalandschaft angeboten (Abb. S. 90).

Mdina 2

Wenn es auf Malta so etwas wie einen Ort der Stille gibt, dann ist dies Mdina. Man fühlt sich hier wie in eine andere Zeit versetzt. Die einstige Inselhauptstadt verströmt mit ihren engen Gassen, den Palästen, Kirchen und Klöstern eine ausgesprochen mittelalterliche Atmosphäre.

Sehenswert: Gleich hinter dem **Main Gate** beginnt die Villegaignon Street, die Hauptachse der schönen Altstadt. Rechts steht der Vilhena Palace, der **Palast des Großmeisters** (1732) und gegenüber der **Torre dello Standardo**, ein Wachturm aus dem 16. Jahrhundert. Rechts in der Inguanez Street gelangt man an einen kleinen Platz, der von dem Xara-Palast-Hotel und dem **Gerichtsgebäude** eingerahmt wird. Von seinem Balkon wurde 1798 der napoleonische Kommandant von Mdina gestürzt, wodurch sich das Volk gegen die plündernden Franzosen erhob. (Es gibt allerdings noch zwei andere Balkone in Mdina und Rabat, denen man dieses historische Ereignis zuschreibt.) Hinter dem **Benediktinerkloster** folgen die Kapelle **St. Agatha** und schräg gegenüber der **Palast der Familie Inguanez**. Ein Portal in den Klostermauern führt in die Benediktinerkapelle. Bis zum St. Paul's Square ist die Hauptstraße Mdinas gesäumt von alten **Adelspalästen**. Vor der barocken **St.-Paul's-Kathedrale** warten die herrschaftlichen Fiaker. Die Kathedrale gilt als die Hauptkirche Maltas. Zwei mächtige Kanonen schützen das barocke Eingangsportal mit den zwei Türmen, an denen die beiden Uhren die Uhrzeit und den Monatstag anzeigen. Weiter in der Villegaignon Street folgt der **Sophienpalast**, wo das so genannte Normannenviertel beginnt. Auch der Palazzo Falzon am Ende der Straße, der 1495 von einem sizilianischen Adligen erbaut wurde, ist mit den doppelten Zackenreihen und spitzbogigen Portalen und Fenstern verziert. Das sog. **Normannenhaus** besitzt einen anmutigen Innenhof und kann besichtigt werden (geöffnet Mo. – Fr. 9.00 – 12.00 und 14.00 – 16.00 Uhr). Auf dem Weg dorthin kommt man an der Kapelle **St. Rochus** und dem **Karmeliterkloster** vorbei. Als sich Napoleons Soldaten an den Damast der Nonnen heranwagten, begann hier die Revolte gegen die Franzosen. Am **Bastion Square** öffnet sich ein weiter Blick über die Insel. Die **St.-Nicholas-Kapelle** war das Gotteshaus der griechischen Gemeinde. Nicht wenige Griechen waren den Rittern aus Rhodos gefolgt. Das Griechentor führt hinaus aus der Stadt zum Römischen Museum in Rabat.

Museen: Im **Museum für Naturgeschichte** im Vilhena-Palast kann man sich über Maltas Flora und Fauna sowie über die Geologie der Insel informieren und sogar ein Stück Mondgestein bewundern. Die riesigen Bestände des **Kathedralmuseums** im ehemaligen Priesterseminar gingen aus einer Sammlung

Vornehmes Sommerrefugium für die maltesischen Staatschefs: Verdala Palace bei Rabat

SPECIAL

Dürer in Mdina

Eine Begegnung mit Albrecht Dürer auf Malta? Das Kathedralmuseum in Mdina macht es möglich! In der Kunstsammlung des Museums finden sich nämlich eine Reihe von Holzschnitten und Kupferstichen des deutschen Renaissancekünstlers, darunter auch Raritäten wie eine vollständige Serie von 22 Drucken aus dem ›Marienleben‹ sowie 37 Holzschnitte der ›Kleinen Passion‹. Die prominenten Werke gingen aus der Sammlung des Grafen Saverio Marchese in den Besitz des Museums über und führten zu einem der ersten bekannten Copyright-Prozesse der Welt. Die Blätter zum Marienleben entstanden zwischen 1502 und 1504. Interessant daran ist, dass Dürer sich nicht um historische Korrektheit bemüht, sondern das gesamte Geschehen in seine Heimat und in seine Zeit verlegt. Die Wochenstube, in der Maria geboren wurde, ist unverkennbar ein deutsches Bürgerhaus, Josephs Zimmermannswerkstatt steht nicht in Ägypten, sondern in Franken, die Kleidungsstücke der Dargestellten sind die einer Handwerksfamilie aus dem Umkreis von Nürnberg.

des savoyischen Malteser-Ritters Conte Saverio Marchese (1757 – 1833) hervor. Neben der Gemäldegalerie bildet die ehemalige Seminarkapelle einen Höhepunkt dieses Museums.

Einkaufen: In dem **Handwerkerzentrum Ta' Qali** unterhalb von Mdina findet man eine große Auswahl kunsthandwerklicher Produkte, insbesondere aus den Werkstätten der Glasbläsereien (bis 16.00 Uhr geöffnet). Auf dem Terrain befindet sich auch ein Dinosaurier-Park für Kinder.

Unterhaltung: Unter den verschiedenen Multivisionsschauen ist das halbstündige **Mdina Experience**, das durch die bewegte Geschichte der Stadt führt, die interessanteste – nicht zuletzt deshalb, weil das Dia-Spektakel in einem alten Stadthaus mit normannischen Spitzbögen stattfindet (geöffnet Mo. – Fr. 11.00–16.00, Sa. 11.00–13.00 Uhr).

Restaurants: Das **Ciappetti** mit seinen klingenden Wind- und Wasserspielen in einem hübschen Innenhof ist ein gastronomisches Juwel, Tel. 21459987. In dem normannischen Haus sind noch arabische Festungsmauern erhalten. In der überaus urtümlichen **Trattoria AD 1530** neben dem Hotel **Xara Palace** (Beschreibung S. 90) sollten Sie unbedingt die Kartoffelsuppe probieren, Tel. 21450560.

Umgebung: Das Gharrequin-Tor wurde 1890 in die östliche Stadtmauer Mdinas gebrochen, um einen Zugang zu dem im Tal gelegenen **Bahnhof für die Dampfeisenbahn** zu schaffen. Die Eisenbahn führte über Birkirkara nach Valletta. In den alten Eisenbahntunneln züchtet man heute Champignons. Dahinter erhebt sich auf einem Hügel der Ort **Mtarfa**. Sein Big Ben Tower und die ehemaligen Kasernengebäude verraten, dass hier die britischen Garnisonen angesiedelt waren.

Rabat 3

In Rabat spürt man, dass Malta eine Oase der Tante-Emma-Läden geblieben ist. Es macht Spaß, durch die Gassen zu bummeln, in alten Kramläden zu stöbern, in einer Backstube die nach Mohnsamen duftenden Kekse zu probieren oder bei einem Gemüsehändler die Gewürztheke auf den Kopf zu stellen. Wer dann immer noch gut zu Fuß ist, taucht in die ober- und unterirdische Geschichte der Stadt ein. Unter dem modernen Rabat befindet sich ein weit verzweigtes System von Höhlen und Katakomben.

Sehenswert: In der legendären **Paulus-Grotte** soll der Apostel Paulus die christliche Religion gelehrt und Kranke geheilt haben. Links vom Hauptaltar befindet sich ein aus Gold gearbeiteter Arm, angeblich eine Reliquie des Apostels. Im 17. Jh. lebte ein spanischer Adliger als Eremit in der Grotte und stiftete neben der ersten Kirche, die sich über der Höhle erhob, eine Kapelle für den hl. Publius. Großmeister Manoel de Pinto ließ im 18. Jh. die jetzige Fassade der **Pauluskirche** über der Grotte am Hauptplatz der Stadt gestalten.

In der Nähe befinden sich die berühmten **Paulus-Katakomben**. In der Haupthalle des weit verzweigten Höhlensystems sind die aus dem Stein gehauenen Agape-Tische, an denen man sich zu einem rituellen Mahl versammelte, noch sehr gut zu erkennen. Unterirdische Gräber wie diese gehen auf antike Vorbilder zurück, als die Menschen ihre Toten außerhalb der Stadtmauern begruben. Juden und frühe Christen bestatteten ihre Toten in Katakomben. Die Grabstätten weisen verschiedene Formen auf, wie zum Beispiel die kleinen Loculi- oder die größeren Baldachingräber, in denen offenbar wohlhabendere Tote beigesetzt wurden. Interessante Führungen gibt es durch die **Katakomben der Hl. Agatha**. In der gruftigen Kühle unter der Agathakirche kommt man auch zur **Höhlenkirche** (4. Jh.) mit wertvollen Fresken aus verschiedenen Epochen. Dargestellt sind u. a.

SPECIAL

Winzer Ricardo Zammit in seinem Weinberg

Weinanbau mit Charme

Wenn die Malteser Feste feiern, dann bringen sie ihr Haus auf Hochglanz und bewirten ihre Gäste mit dem Besten, was der Speisekeller hergibt. Dazu gehört auch ein edler Tropfen von maltesischen Weingütern. Malta eine Weinbaunation? Auch wenn die Sonnenuhr

Infos

Wer kann bei diesem Dessert widerstehen?

Pfauenfedern oder Pelikane und eine Taube mit Ölzweig. Öffnungszeiten der Katakomben: Mo. – Fr. 9.00–12.00 und 13.00–17.00 Uhr, Sa. 9.00–13.00 Uhr.

Veranstaltungen: Seit über 300 Jahren findet am 29. Juni das beliebte **Peter-und-Paul-Fest** in den Buskett Gardens statt. Das Fest beginnt mit dem traditionellen Pferde- und Eselrennen auf der Straße nach Rabat. Schon am Tag davor versammeln sich die Menschen zu einem Picknick in den Buskett Gardens.

Museen: Das **Kirchenmuseum** im ehemaligen Wignacourt College ist Mo. – Fr. 10.00–15.00 Uhr geöffnet. Darüber hinaus schließt sich den **St.-Agatha-Katakomben** ein **Museum** mit wunderschönen volkstümlichen Votivgaben an. Die **Römische Villa** zeigt außer den bereits erwähnten Mosaiken Architekturfragmente, Skulpturen, Keramik, Amphoren, Grabsteine und vieles mehr.

Einkaufen: Bei **Peter the Potter** in Rabat wird Keramik und Kunsthandwerk angeboten. Ein nostalgisches Unikum ist der Schustermeister in der Main Street. Sein Geschäft ist rund 100 Jahre alt.

Unterkunft: Zwei preiswerte Unterkünfte auf dem Lande: **Alcazar Guest House**, Tel. 21452965, Fax 21451500, und **Point de Vue Guest House**, Tel. 21454117, Fax 21451700.

Buskett Gardens 4

Ideal für ein Picknick oder einen Spaziergang sind die **Buskett Gardens**, ein Parkwäldchen rund 2 km südlich von Rabat an der Straße zur Küste. Die Johanniter, die das Wäldchen 1570 anlegten, nutzten es vor allem zur Vogeljagd.

Umgebung: Oberhalb der Buskett Gardens thront der **Verdala-Palast**, ein wehrhafter Bau mit vier Ecktürmen. Heute dient er dem maltesischen Präsidenten als Sommerresidenz (keine Besichtigung), erbaut wurde er 1586 für den Großmeister Verdalle. Ebenfalls in der Nähe der Buskett Gardens: die **Clapham Junction** genannten Gesteinsfurchen, die man als Karrenspuren aus der Bronzezeit deutet. Man findet sie auch an anderen Stellen auf Malta und Gozo (siehe Special S. 61).

Dingli Cliffs 5

Das Dorf Dingli hat außer der silberglänzenden Kirchenkuppel, zahlreichen Windrädern und viel ländlichem Charme vor allem eine Bushaltestelle zu bieten, von der sich fast jeder Tourist auf den Weg zu den Dingli Cliffs aufmacht.

Küstenabschnitt: TOP ZIEL Der mehrere Kilometer lange Küstenabschnitt der **Dingli Cliffs** ist mit seinen hellen, steil zum Meer abfallenden Klippen eine der schönsten Landschaftsszenerien auf Malta überhaupt. Die am Klippenrand stehende Magdalenenkapelle trägt wie die meisten Kapellen auf Malta eine lateinische Inschrift, die besagt, dass sie für Gesetzesbrecher keine Zufluchtstätte sei.

SPECIAL

Sehnsucht nach Grün

Entsetzt waren die Ordensritter über das Eiland, das ihnen 1530 Karl V. als Lehen überlassen hatte. Die Menschen auf der Insel lebten in Armut, es gab kaum Grünflächen und wenig Wasser obendrein. Dass es auf Malta heute dennoch einen Wald gibt, ist den Ordensrittern zu verdanken, die 1565 die Buskett Gardens anlegten. Man wollte ein Jagdrevier schaffen für den Großmeister, aber vielleicht trieb auch die Sehnsucht nach etwas Schatten und Grün die neuen Herren der Insel dazu, Bäume zu pflanzen. Heute zumindest ist es vor allem letzteres, was die Malteser an freien Tagen hierher zieht. Zwischen Maulbeer- und Zitrusbäumen oder unter Schatten spendenden Pinien und Kiefern lässt es sich wunderbar picknicken oder spazieren gehen. Eine herrliche Wanderung führt von hier zum Sommerpalast der Inquisitoren und zum Laferla Cross, der höchsten Erhebung Maltas (257 m).

an der Fassade des alten Meridiana-Weingutes der Zeit hinterherhinkt, die Winzer tun es mit Sicherheit nicht. Mark Miceli-Farrugia und sein in Geisenheim ausgebildeter Kellermeister haben den Zeitgeist längst erkannt und produzieren anspruchsvolle Weine mit ›maltesischem Charakter‹, die sie bis nach Belgien und Norwegen exportieren. Schließlich, so meinen sie, sei es eine vinologische Binsenweisheit, dass kalkhaltige Böden die allerbesten Weine hervorbringen. Unter den rustikalen Arkaden des Weinkellers lagern edle Tropfen aus den Rebsorten Cabernet Sauvignon, Merlot, Sirah, Petit Verdot und Chardonnay bei konstanten Temperaturen von 17°–22 °C. Wegen der großen Hitze auf Malta werden die weißen Trauben schon Ende Juli gelesen. So kommt es zu dem Kuriosum, dass die ›Spätlese‹ nur etwa zehn Tage nach der regulären Ernte eingeholt wird. Auch auf der Nachbarinsel Gozo hat der Weinbau Fuß gefasst. Ricardo Zammit ist einer der Winzer dort, die sich mit Erfolg dem gozitanischen Tropfen widmen und mittlerweile auch immer mehr Kenner von ihrer Leidenschaft für die hauseigenen Weine überzeugen können.

Xara Palace Hotel: stilvolles Ambiente in einem alten Stadtpalast in Mdina

Wo die Fischer zu Hause sind

Man versteht, warum die Phönizier vor rund 3000 Jahren hier und nicht an anderer Stelle auf Malta an Land gingen: Zahlreiche Schutz bietende Buchten gliedern die Südostküste, in denen die Seefahrer und Händler aus dem Nahen Osten mit ihren Schiffen ankern und überwintern konnten. Man vermutet, dass die Phönizier es waren, von denen die Malteser die Kunst, Boote zu bauen und aufs Meer hinauszufahren, gelernt hatten. Wer heute Fischer bei der Arbeit beobachten und frischen Fisch auf dem Markt kaufen will, muss deshalb nach Marsaxlokk oder Marsaskala.

Fischer bei der Arbeit: Die Netze sollten in gutem Zustand sein, sonst riskiert man einen mageren Fang.

▲ Morgens werden an den Molen die Pferde gebadet

▼ Das aufgemalte Auge soll die Fischerboote beschützen

▲ Auch eingelegtes Gemüse gibt es auf dem Markt in Marsaxlokk

▼ Felsiger Badeplatz auf der Delimara-Halbinsel

▲ *Der Fischerort schlechthin auf Malta: Marsaxlokk, wo täglich ein Markt stattfindet* ▼

Vieles in den Fischerstädtchen des Ostens erinnert noch an die Phönizier, nicht nur Ortsnamen wie Marsaxlokk oder Marsaskala. Auch die bunten Dghajsa-Boote sollen beispielsweise späte ›Nachfahren‹ der phönizischen Boote sein. Die in Kleinasien beheimateten Phönizier waren erfahrene Seefahrer und die besten Schiffskonstrukteure ihrer Zeit. Das Holz für ihre Boote bezogen sie aus den waldreichen Gebieten an der östlichen Mittelmeerküste wie z. B. aus dem heutigen Libanon, von wo die berühmte Zeder stammt. Das Unbekannte zog sie an, immer mit dem Ziel, Handel zu treiben. Unter anderem handelten sie mit Purpurfarben, die in der Stadt Tyros hergestellt wurden. Der Name der Phönizier kommt von dem griechischen Wort ›Pholnos‹, das ›blutrot‹ bedeutet.

Zufluchtsort der Seefahrer

Um das Jahr 1000 v. Chr. durchkreuzten die Phönizier von der syrischen Küste aus das Mittelmeer und gründeten Handelsniederlassungen. Die maltesische Inselgruppe nutzten sie als Stützpunkt und Überwinterungshafen. Deshalb gaben sie dem Archipel auch den Namen ›Mlt‹, was so viel wie Zufluchtsort bedeutet. Die geschützten Hafenbuchten nannten sie ›Marsa‹. Die phönizischen Marsas sind heute über den ganzen Mittelmeerraum verteilt. Der wichtigste Hafen der Phönizier auf Malta war Marsaxlokk, in dessen Nähe sie einen Tempelbezirk errichteten, der ihrem Gott Melkart geweiht war. Später benutzten die Griechen die Kultstätte zur Verehrung von Herakles. Die griechische Mythologie geht zum großen Teil auf die der Phönizier zurück, ebenso ihr Alphabet. Die beiden in Tas-Silg gefundenen Marmorhalbsäulen (um 200 v. Chr.) mit griechischer und phönizischer Inschrift ermöglichten es im 18. Jh. dem Orientalisten Abt Bartholemy, das phönizische Alphabet zu entziffern.

Die Karthager

Ende des 8. Jh.s v. Chr. übernahmen die Karthager die Insel. Die Griechen herrschten im Osten des Mittelmeeres, die semitischen Karthager im Westen. Zwischen beiden Interessengebieten lag Malta. Die Karthager benutzten es als Bollwerk gegen

▲ Nicht so sehr die Landwirtschaft, als vielmehr der Containerhafen bringt Arbeitsplätze

▼ Knochenfunde in Reih und Glied im Museum von Ghar Dalam

▼ Der neolithische Tempel Borg in-Nadur

▲ An einem steilen Küstenabschnitt ... ▼ ... liegt die von Legenden umrankte Hassan-Höhle

die Griechen, um deren Expansionsbestrebungen im westlichen Mittelmeer zu stoppen. Die maltesischen Einwohner lebten damals geschützt auf Anhöhen wie zum Beispiel in Borg in-Nadur beim heutigen Birzebbuga, woraus man schließen kann, dass es in diesen Zeiten nicht immer friedlich zuging.

SPECIAL

Die Piraten kommen!

Dragut, der Pirat, war ein türkischer Bauernsohn, der aus eigener Erfahrung eine ganze Menge über die Ritter wusste. ›Das blanke Schwert des Islam‹ nannte ihn eine türkische Chronik. 1540 war er selbst Galeerensträfling und traf durch Zufall auf der berühmten Andrea Doria auf den späteren Großmeister Jean Parisot de la Valette. Von den nordafrikanischen Barbaresken angeheuert, betrachtete er diesen Teil des Mittelmeers als sein ureigenstes Jagdrevier. Malta musste mit den ständigen Überfällen der Korsaren leben. Dabei wurden die Inseln immer wieder verwüstet und die Bewohner, sofern man sie nicht gegen Lösegeld frei bekam, in die Sklaverei verschleppt.

Arabisches Erbe

Nachdem die Byzantiner die Karthager vertrieben hatten, gelangten die Araber 870 n. Chr. von Kairouan in Tunesien aus auf die Insel. Die arabische Kultur hat Malta in vielen Bereichen durchdrungen, nicht zuletzt in der Sprache. Vielleicht erleichterte die Kenntnis der semitischen Sprachen den Maltesern, das Arabische in ihre Redensweisen zu integrieren. Der nachhaltige Einfluss kommt auch in zahlreichen Dorfnamen zum Ausdruck, wie zum Beispiel Zabbar und Zejtun. Der Terrassenfeldanbau, die Bewässerungssysteme und die Kultivierung von Zitrusfrüchten und Baumwolle sind ein arabisches Erbe. In einem Punkt allerdings blieben die Malteser offenbar völlig unbeugsam: Trotz der rund zweihundertjährigen Herrschaft der Araber auf Malta ließ sich die Bevölkerung nicht zum Islam bekehren. Wer den muslimischen Besatzern eine Kopfsteuer zahlte, konnte weiterhin seinen christlichen Glauben ausüben.

▲ Meersalzgewinnung bei Marsaskala

▲ Einstige Trutzburg gegen die Türken: Fort St. Thomas

▼ Der Hafen von Marsaskala am Abend

▲ Fischer aus Marsaskala

Legenden um eine Höhle

An der Südostküste Maltas, unterhalb einer steilen Felswand, öffnet sich Ghar Hassan. Um diese Höhle ranken sich viele Legenden. Obwohl das arabische Wort ›hasan‹ auch so viel wie ›unzugänglicher Platz‹ bedeuten kann und damit der Name der Höhle bereits hinreichend erklärt wäre, beharren die Malteser darauf, dass die Höhle ihren Namen von dem Araber Hassan erhalten habe. Hassan war einer der Legenden zufolge ein brutaler Pirat und Sklavenhändler, der in der Höhle seine Beute versteckte und auch Menschen dort gefangen hielt.

Zum Glück gibt es aber auch noch eine romantische Version der Hassan-Legende und die besagt, dass er sich dort mit seiner Geliebten, einer Malteserin, getroffen habe. Als die beiden in ihrem Liebesversteck entdeckt wurden, seien sie ins Meer und damit in den Tod gesprungen.

SPECIAL

Malta und die EU

Es war lange Zeit nicht so recht klar, ob sie nun wollen oder nicht – in die EU. Nun, seit dem Februar 2003, ist es entschieden, dass sie wollen, und der Aufnahme steht nichts mehr entgegen. Von den Staaten, die zurzeit auf der Beitrittsliste der EU stehen, rangiert Malta in wirtschaftlicher Hinsicht weit vorn, wenn auch zur ›Schweiz des Mittelmeeres‹ noch einiges fehlt. 1990 hatte die damals konservative Regierung Maltas die Mitgliedschaft in der EU beantragt. Nach dem Wahlsieg der Maltesischen Arbeiterpartei 1996 zog Premier Alfred Sant den EU-Beitrittsantrag seines Landes wieder zurück. Offiziell wurde dies damit begründet, Malta sei noch nicht reif für die EU, inoffiziell vermuteten Beobachter, dass die Malteser sich einfach nicht mehr unterordnen wollten, auch wenn diese Vormacht Brüssel hieß. Als die Nationalistische Partei zwei Jahre später wieder an die Macht kam, wendete sich das Blatt noch einmal: Nur neun Tage nach der Wahl, am 14. September 1998, erneuerte die Regierung unter Fenech Adami das Beitrittsgesuch, knapp zwei Jahre später begannen die konkreten Verhandlungen.

Maßstab 1:40.000
0
600 m
Gżira
50
Tigne Fort
Dragutt Point
Sliema Creek
Manoel I.
Fort Manoel
St. Elmo Point
Fort St. Elmo
St. Elmo Lighthouse
Lazzaretto Creek
Marsamxett Harbour
VALLETTA
a' Xbiex
Grand Master's Palace
St.John's Co-Cathedral
Ricasoli Point
Ricasoli Fort
Floriana
TCM
Grand Harbour
Rinella Battery
Bus Terminal
Argotti Botanic Gardens
St. Publius Church
Fort St. Angelo
Rinella Movie Park
Fort St. Rocco
Santu Rokku
The Point
Kalkara
Kalkara Creek
Dockyard Creek
Inquisitor's Palace
Ras il-Ġebel
Senglea (Il Isla)
Vittoriosa
San Pietru
Il-Wileg
Cospicua
Xgħajra
Il-Kortin
French Creek
Bormua
Rock Gate
San Leonardo
Kordin
Marsa Creek
St. Glenn Gate
Zabbar Gate
Fort St. Leonardo
Sala Rock
Museum of Religious Art
Mosque
Ghajn Dwieli
Polverista Gate
Ta' Grazzja
Żabbar
Paola
Hompesch. Arch
Tal Borg
Fgura
Żonqor
Hypogäum
Tarxien Temples
Bulebel iż-Żgħir
Tal-Horr
Dolmen
Żonqor Point
50
Tarxien
Marsaskala
Marsaskala Bay
Il-Minżel
Il-Ġzira
Il-Kappana
Santa Lucija
St. Thomas Tower
St. Lucia Church
Ta' Ngraw
Żejtun
St. Catherine Church
Mignuna Point
Mamo Tower
Church St. Mary
Hal-Ghaxaq
St. Thomas Bay
Girgor Pillbox
Misrah Strejnu
Il-Munxar
Bir id-Deheb
Gudja
Ta' Hal Ġinwi
Tas Silg
Tas Silg Church
St.Pauls Church
Battery
Wied Dalam
Marsaxlokk
Tas Silg
Tas Silg Battery
Hofra Il-Kbira
24
Wied Has Sabtan
Ras il-Fenek
Cave Museum
Il-Fiddien
Hofra Iz-Zghira
Ghar Dalam
Qrajten Point
Roman Villa
Id-Qajjenza
Rdum il-Bież
Delimara
Tal-Galuhar Tower (Roman)
Il-Fossa
Ferretti Battery
Power Station
Peter's Pool
Borġ in-Nadur
Temple
St. George's Bay
St. Lucian's Tower
Il Ponta l-Kbira
Tumbrell Point
Birżebbuġa
Pinto Battery
Wied il-Qoton
Marsaxlokk Bay
Fort Delimara
Pretty Bay
Il-Qala
a Ghammer
Delimara Lighthouse
Port Mieles
Delimara Point
Hal Far
Tal-Papa
Kalafrana
Hal Far Airfield
Dolmen
Benghisa
Benghisa Point
Fort Benghisa
Tar Ranzija
Ghar Hasan Cave
1
2
3
4
5
6

Infos

Zabbar ①

Fassaden mit Holzerkern bestimmen das Straßenbild in Zabbar, einer Stadt mit rund 14 000 Einwohnern am östlichen Rand des Ballungsgebietes von Valletta. Der deutsche Großmeister Ferdinand von Hompesch verlieh dem Ort 1797/1798 die Stadtrechte und den Ehrennamen ›Città di Hompesch‹.

Sehenswert: Etwas verloren steht der von dem Großmeister gestiftete, klassizistische **Hompesch-Triumphbogen** inmitten einer Kreisverkehrsinsel am Ortseingang. Unweit des Verkehrsknotenpunkts schimmern die grünlichen Kuppeln der islamischen **Moschee**, ein Geschenk des libyschen Staatschefs Gaddhafi an die Gemeinde. Einen Besuch lohnt die barocke, 1641–1696 erbaute **Pfarrkirche Ta' Grazzia** mit ihrer bewegten Zweiturmfassade aus dem Jahr 1737 und prächtiger Innenausstattung.

Museum: Im **Kirchenmuseum** neben dem Gotteshaus (geöffnet Sa. und So. 9.30–12.00 Uhr) ist neben Votivbildern und Weihegeschenken des Johanniterordens die Kutsche des Großmeisters Alof de Wignacourt aus dem 17. Jh. ausgestellt.

Marsaskala ②

Der Fischerort liegt am Ende einer fjordartigen Bucht und war – das verrät sein Name – schon ein Ankerplatz der Phönizier. Die bunten Luzzi, die heute in der Marsaskala Bay vor Anker liegen, verleihen ihm ein pittoreskes Aussehen, auch wenn dieses bereits ein wenig von den neuen Hotels und Apartmenthäusern getrübt wird.

Hompesch-Triumphbogen in Zabbar

Sehenswert: Nachdem Draguts Korsaren Zejtun geplündert hatten, wurden rings um Maltas Küste Festungstürme gebaut, so dass Signale von einem Turm zum anderen weitergegeben und vor Angriffen gewarnt werden konnte. Einer dieser Türme ist der **St. Thomas Tower**, den Großmeister Wignacourt 1615 von Vittorio Cassar am Südende der Marsaskala-Bucht errichten ließ. Zu dem Signalposten gehörte auch das Fort St. Thomas. Auf dem Areal dieses Forts wurde das Hotel Jerma Palace gebaut.

Strände: An der felsigen Küste von Marsaskala kann man schöne Spaziergänge bis zur benachbarten **St. Thomas Bay** oder bis zum Delimara Point machen. Gut besucht ist der kleine Sandstrand in der St. Thomas Bay.

Restaurant: Gabriel, mit gutem Fisch- und Meeresfrüchteangebot, direkt an der Marsaskala Bay, Tel. 21634194.

Unterkunft: Jerma Palace Hotel, ein elegantes Vier-Sterne-Haus mit allem Komfort, u. a. Meerwasserfreibad, Tel. 21633222, Fax 21639485, www.corinthiahotels.com.

Umgebung: Auch der in der Nähe, etwas landeinwärts gelegene **Mamo Tower** aus dem 17. Jh. gehört ebenfalls zu dem ausgedehnten Verteidigungssystem gegen Überfälle. Mit seinem kreuzförmigen Grundriss ist er eine Besonderheit unter den Johanniterfestungen.

Zejtun ③

Da sich Zejtun auf einer Ebene oberhalb von drei großen Meeresbuchten ausbreitet und kein hügeliges Hinterland besitzt, konnte es schlecht verteidigt werden. So erklärt es sich, dass noch heute manche der älteren Bauernhäuser einen wehrhaften Charakter aufweisen.

Sehenswert: Die **Pfarrkirche St. Katharina** gilt als schönstes Werk von Lorenzo Gafà. Interessanter ist aber die kleine **St.-Grigor-Kirche** am Stadtrand. In den Bau des Gotteshauses wurde – quasi als Querschiff – einer

SPECIAL

Arabische Wurzeln

Maltas Kultur hat in vielen Bereichen eine enge Verwandtschaft zum Arabischen. Da wäre einmal die Sprache: Das Maltesische, die Volkssprache auf der Insel, geht zurück auf das Semitische. Nirgendwo sonst auf der Welt wird diese archaische Sprache gesprochen, die jeder Malteser neben dem Englischen und nicht selten auch neben dem Italienischen beherrscht. Deutlich spürt man den arabischen Einfluss auch in der Architektur der Wohnhäuser. Nicht nur die flachen Regendächer und das Buntglas sind maurische Elemente, auch der Ursprung der bunten Holzerker lässt sich bis in die arabische Zeit zurückverfolgen. Die muslimischen Eroberer brachten die so genannte Muxrabija an den Fassaden an – eine kleine Holzbox mit einem Guckloch, durch das man einen Blick vor die dicken Mauern riskieren konnte. Solche ›Balkone‹ sind auch im maurischen Teil Spaniens zu finden. Auch die Luzzi-Boote stammen von den einstigen phönizischen Herren ab. Die Segelschiffe der Semiter waren für ihre Farbenpracht berühmt.

An vielen Luzzi-Booten ist das Auge der Osiris an den Bug gemalt oder geschnitzt – ein phönizischer Aberglaube, um den bösen Blick und damit Unheil abzuwehren.

Maltesische Spezialitäten im Restaurant ›Ir Rizzu‹ in Marsaxlokk

der vierzehn Wehrtürme der Inseln einbezogen. So diente die Pfarrkirche auch als Fluchtburg für die Bevölkerung bei Überfällen.

MARSAXLOKK 4

Der Fischerhafen von Marsaxlokk mit seinen vielen bunten Booten ist ein beliebtes Fotomotiv. Das friedliche Bild einer mediterranen Idylle wurde in der Geschichte jedoch häufig gestört, denn der drittgrößte Naturhafen Maltas war schon immer eine Pforte für fremde Eroberer, von den Türken bis zu Napoleon I.

Sehenswert: Grellbunte Luzzi-Boote dümpeln im Wasser, und am Kai des hübschen **Hafens** knüpfen Fischer ihre Netze. Den Hintergrund für diese malerische Szenerie liefern Fischerhäuser in heiteren Farbanstrichen und die Kuppel der doppeltürmigen Pfarrkirche Our Lady of Pompeji. Lohnend ist auch ein Gang über den **Markt** von Marsaxlokk, der sich am Hafenkai entlangzieht. Hier wird neben handgearbeiteter Klöppelspitze, allerlei Gebäck und Fisch auch viel Fabrikware angeboten. Besonders schön sind die aus Fischernetzen gefertigten Türvorhänge. Als quadratischer Mauerblock präsentiert sich das **Fort St. Lucian** über der Marsaxlokk Bay. Entworfen hat es 1610 Vittorio Cassar, der Sohn von Gerolamo Cassar, dem Baumeister von Valletta. Heute beherbergt es das Labor für Meeresbiologie der Universität Malta (nicht zu besichtigen).

Unterkunft: Familiär und freundlich geht es zu im **Golden Sun Apparthotel**, Tel. 21 65 17 62, Fax 21 65 31 33, www.goldensunhotel.com.

Strände: Baden kann man an der Südspitze der lang gezogenen Delimara-Halbinsel, wo sich

Felsstrand auf der Delimara-Halbinsel

das ehemalige britische Fort Delimara in den Felsen klammert. Getrübt wird die grüne Landschaftsszenerie allerdings durch den Anblick des Kraftwerks und den Blick auf die Ölraffinerie am anderen Ende der Hafenbucht. Bei ruhiger See kann man in dem Felsenrondell des **Peter's Pool** eine Runde schwimmen. Weitere Bademöglichkeiten findet man in der **Long Bay** und im **Slugs Pool**.

Umgebung: Auf dem Weg zur Delimara-Halbinsel kommt man an der **Wallfahrtskapelle Tas-Silg** vorbei. Schon in der Antike war dies eine heilige Stätte. Viel kann man nicht mehr erkennen, aber man erhält einen Eindruck von der Wechselwirkung zwischen Architektur und Landschaft. Über einem neolithischen Heiligtum stand ein punischer Tempel der Astarde und darüber ein Tempel der römischen Juno. Hier verehrte man die höchste weibliche Gottheit! In Sichtweite liegen die Trümmer des Melkart-Herkules-Tempels.

GHAR DALAM 5

An der Straße von Paola nach Birzebbuga liegt die Höhle Ghar Dalam, die den Forschern interessante Einblicke in die Urgeschichte Maltas ermöglichte. Die um 5200 v.Chr. datierten Keramikfunde aus dieser Höhle sind die frühesten Siedlungsspuren überhaupt auf Malta.

Besichtigung: Erste Station der Höhlenbesichtigung ist das **Museum**, eine ebenso beeindruckende wie skurrile Sammlung von Fangzähnen, Wirbelknochen, Gebeinen und Geweihen sowie ganzer Skelette. Vor der ersten Ausgrabung 1865 war die Höhle mit Ablagerungen bis zu 3 m unter der Decke gefüllt. In den unteren Schichten fand man vor allem Flusspferde und Elefanten, aber auch

SPECIAL

Fischhändler auf dem Markt in Marsaxlokk

Frische Fische

Stolz reißt der Verkäufer seinen riesigen Tintenfisch in die Höhe. Ein Prachtexemplar, kein Zweifel. Angesichts solcher Szenen auf dem Fischmarkt in Marsaxlokk möchte man annehmen, dass Malta mit Meeresfrüchten reich gesegnet ist. Stimmt auch, aber dennoch reicht dies bei weitem nicht aus: Die Hälfte des Fischbedarfs muss importiert werden! Da es keine Flüsse gibt, die ins Meer münden, fehlt die notwendige Planktonnahrung für die Fische. Ausschließlich von der Fischerei leben kann deshalb niemand auf Malta. Die meisten der etwa 200 Fischer von Marsaxlokk üben diesen Beruf im Nebenerwerb aus. Hauptsaison für die Fischerei ist von August bis November. Dann gehen vor allem Lampukis (Goldmakrelen) und Pixxipads (Schwertfische) in die Netze. Frischer Fisch zählt zu den Spezialitäten in den Restaurants von Malta, auch wenn er nicht immer aus den eigenen Fanggründen stammt. Und die bunten Fischerboote in den Häfen von Marsaxlokk und Marsaskala sind mittlerweile als Wahrzeichen der Insel so bekannt, dass man auch bei einer völligen Einstellung der Fischerei schwerlich auf sie verzichten könnte.

Infos

TIPP

Ofenfrisch am besten: Pastizzi

Süßes gefällig?

Nicht nur die Sprache, auch die Süße und die Vielfalt des maltesischen Gebäcks gehen auf arabische Einflüsse zurück. Das gebackene Marzipan mit Zimt und Orangenblütenwasser duftet ambrosisch. Die mit Datteln gefüllten und in Öl gebratenen Teigtaschen Imqaret werden an den Stränden Maltas verkauft. Der aus eingeweichtem Brot und verschiedenen Zutaten (u. a. Zucker, Sultaninen, Gewürze, Orangenschalen) bereitete Brotpudding wird sowohl warm als auch kalt serviert. Beliebt sind aber auch Sesamringe und Pastizzi, kleine gebackene Teigtaschen mit Erbsenmus oder Ricotta gefüllt. Eng mit der Karnevalszeit verknüpft sind die Süßspeisen Maltas. Der traditionelle Honey Ring aus dunklem Sirup, Marmelade, Gewürzen und Honig stammt aus dem 15. Jh. und kann zu Wein oder als Nachspeise verzehrt werden. Die weiße Karnevalssüßspeise Prinjolata aus Plätzchen, Buttercreme und Pinienkernen wird am Ende mit flüssiger Schokolade übergossen.

andere Tiere, die auf dem europäischen Festland vor ca. 2 Mio. Jahren heimisch waren, wie z. B. Hirsche, Wölfe, Füchse und Braunbären. Von den Elefanten und einigen Rassen wurden kleinwüchsige Arten in Ghar Dalam gefunden, die der Wissenschaft immer noch Rätsel aufgeben. In jedem Fall sind die Knochenfunde aber der Beweis dafür, dass es eine Landbrücke zwischen Sizilien, Malta und Afrika gegeben haben muss.

Birzebbuga 6

Kleiner Ort und großer Hafen: Monströse Krananlagen zum Be- und Entladen der Schiffe, Industrieanlagen und Bohrinseln im Meer bestimmen das Bild von Birzebbuga und seiner Umgebung. Der rund 7000 Einwohner zählende Ort an der Marsaxlokk-Bucht ist kaum touristisch, früher wohnten hier die Familien des britischen Militärpersonals. An der Fassade der örtlichen Pfarrkirche kann man vortrefflich ausgeführte Schiffsmotive aus der Johanniterzeit entdecken.

Strände: In der **Pretty Bay** gibt es zwar familienfreundliche Badestrände, allerdings mit Blick auf Hafen und Industrie .

Umgebung: **Borg in-Nadur** bezeichnet die Überreste eines neolithischen Tempels und einer bronzezeitlichen Siedlung, die am nördlichen Ortsrand von Birzebbuga hinter der kleinen Kapelle San Gorg und oberhalb der **St. Georg's Bay** liegen (beschilderter Weg). Der Tempel stammt aus der so genannten Tarxien-Phase um 3000 v. Christus. Ein Innenportal sowie Megalithmauern sind erhalten. Etwa 150 m vom Tempelareal entfernt erreicht man die ausgegrabene Siedlung. Die Marsaxlokk Bay war bereits in der Bronzezeit bewohnt, da sie sehr flach ist und sanft ausläuft und sich für die Anlage eines Hafens eignete. Die zyklopischen Wehrmauern der Siedlung stammen aus der mittleren Bronzezeit. Hinter ihnen entdeckte man 1959 die Reste von zwei Steinhütten mit Herdstellen. Die Gleitkarrenspuren führen durch das Haupttor der Stadtmauer, ins Hafenbecken und – deutlicher erkennbar – von dort direkt ins Wasser und auf der anderen Seite der Bucht wieder heraus.

Ein halbstündiger Fußmarsch führt von Birzebbugas Hafen Kalafrana zu der Höhle **Ghar Hassan**, die in imposanter Lage an der steilen Südostküste Maltas liegt. Ebenso wie Ghar Dalam war sie im späten Pliozän oder frühen Pleistozän entstanden. Die Höhle ist frei zugänglich. Am Parkplatz kann man für ein Trinkgeld eine Taschenlampe ausleihen, die man in den dunklen und glitschigen Höhlengängen dringend benötigt. In der Höhle schillern die Felsen in Ocker-, Braun- und Fliedertönen. Interessant sind vor allem die prähistorischen Höhlenmalereien: in die Felsen eingekerbte Tierfiguren, Ideogramme und Handabdrücke, die rot, braun und schwarz bemalt wurden. Wenigstens drei Figuren stellen Elefanten dar, die während des Pleistozäns auf die Inseln kamen. Motive und Stil dieser Darstellungen deuten auf eine Kultur von Jägern und Sammlern hin, doch während der Jungsteinzeit lebte hier bereits eine bäuerliche Gesellschaft. War Malta also doch bereits früher besiedelt?

An kräftigen Farben wird nicht gespart bei den Fischerbooten auf Malta

Maltas Strand-paradiese

Man möchte meinen, ein Sandstrand als solcher sei noch keine Besonderheit, doch auf einer Felseninsel wie Malta liegt der Fall ein bisschen anders. Nur an wenigen Stellen, vor allem aber im Norden der Insel, stößt man auf kleine oder größere Sandbuchten, an denen sowohl einheimische als auch ausländische Gäste ein Bad im Meer (und in der Menge der Sonnenanbeter) nehmen. Doch sobald man sich von der Küste abwendet und ins Hinterland eintaucht, hat man die herbe Inselschönheit wieder nahezu für sich alleine ...

Der Name verspricht Verheißungsvolles: Paradise Bay, einer von Maltas Sandstränden im Norden der Insel.

▲ Manche nehmen sogar ihren Vierbeiner mit an den Strand

▲ Sonnenbad an der Golden Bay, einem der Topstrände Maltas

▼ Der Tempel Ta Hagrat bei Mgarr

▲ Ein langer Sandstrand mit etwas Komfort: die Golden Bay

Auf der Landkarte sieht Malta wie ein Fisch aus. Mit etwas Phantasie erkennt man im Südosten den Kopf, in der Bucht von Marsaxlokk und Birzebbuga das geöffnete Maul und in dem nördlichen Landzipfel der Insel, dem Marfa Ridge, den Schwanz des Wassertieres. Was auf der Landkarte ebenfalls sofort ins Auge sticht, ist die ungleiche Besiedlungsdichte: Während im Süden der Insel die Orte beinahe nahtlos ineinander übergehen, liegen im Norden nur ein paar wenige Siedlungen in der Landschaft verstreut – mit einer Ausnahme, der St. Paul's Bay. Sie ist Maltas Touristenhochburg im Norden. Zumindest auf der Südseite ist die Bucht bereits vollständig umbaut, und der Gürtel der Küstenorte zieht sich bereits von Qawra über Bugibba und San Pawl il-Bahar bis nach Xemxija. Zum Baden und Tauchen gibt es schönere Plätze, und die liegen vor allem weiter im Norden oder weiter im Westen der Insel.

Weißer Sand

Hinter Mellieha, dem nördlichsten größeren Ort auf Malta, erreicht man die gleichnamige Bucht, die wie eine weiße Sichel die türkisblaue Wasserfläche umschließt. Der größte Vorzug des langen Strandes ist der weiße Sand, der für kleine Badegäste geradezu ideal ist und für alle anderen eine willkommene Abwechslung zu harten Felsliegeflächen oder betonierten Uferzonen darstellt. Mit einem ruhigen Plätzchen wird es hier schwierig, denn zum einen verläuft die Durchgangsstraße direkt hinter dem Strand, zum anderen sorgen die Snackbars und das Hotel dafür, dass sich hier immer Badegäste einfinden.

Im äußersten Norden

Marfa Ridge heißt der relativ grüne Landstrich am Comino-Kanal im äußersten Norden Maltas. Hier kann man durch Tamarisken- und Akazienhaine von einer Badebucht zur anderen streifen. An der nördlichen Spitze der Halbinsel steht bei einer Kapelle eine Marienstatue hoch über den Schwindel erregenden Klippen. Unterhalb des Roten Turms starten die Ausflugsschiffe zum Inselchen Comino, wo man in das zauberhafte Blau seiner Lagune eintauchen kann. Naturbegeisterte bleiben hier

▲ *Erfrischung im Hotelpool*

▼ *Wenn es Nacht wird in Bugibba ...*

▼ *... sind heiße Rhythmen angesagt*

▼ *Auf Leitern geht es hinein ins kühle Nass: Badefelsen beim Wignacourt Tower in St. Paul's Bay*

▲ Meistens voll belegt: der Hafen von St. Paul's Bay

▼ Jede Menge Spaß auf dem Bananenboot

gleich über Nacht, denn in der kleinen weißen Sandbucht bei der Polizeistation ist ›wildes‹ Zelten erlaubt!

Maltas Traumbuchten

Die Alternative zum Norden heißt: quer durch das fruchtbare Tal an die Nordwestküste, an die Ghajn Tuffieha Bay. Die Bucht, die in eine herrliche Küstenlandschaft eingebettet ist, gilt vielen als die schönste auf Malta. An windstillen Tagen kommt das Meer hier in sanften Wellen an den Strand, an windigen Tagen warnt eine Fahne am Johanniterturm oberhalb der Bucht vor einem Bad in der See. Wer es gerne mit etwas mehr Komfort hätte, muss einfach eine Bucht weiter, in die Golden Bay, wo Liegestühle, Sonnenschirme und Wassersportmöglichkeiten warten.

Zu Fuß durch das Hinterland

Eine Rundwanderung führt von der Golden Bay durch das fruchtbare Hinterland der Küste. Wer über die bizarren Felsen des Halbinselchens Il-Karraba geklettert ist, kann vom Strand hinauf zum Lippian Tower steigen. Dort oben liegt dem Wanderer das Panorama der blauen Gnejna-Bucht zu Füßen. Weiter geht es auf der ruhigen Landstraße in das Dorf Mgarr. Eine ländliche Szenerie, die vergessen lässt, wie klein und dicht besiedelt Malta doch ist. Im Winter lagern hier auf den flachen Dächern Kürbisse, die bereits zu Medizinballgröße herangewachsen sind. Die ovale Silberkuppel der Kirche von Mgarr leuchtet in der Sonne. Für den Bau des gewaltigen Gotteshauses hatten die Bauern der Umgebung sage und schreibe 360000 Eier gespendet!

Auf dem Rückweg zur Golden Bay kann man noch einen Abstecher zu den Resten des römischen Bades machen, die in der Nähe der Straße nach Zebbieh liegen.

Hirtenhütten aus Stein

Überaus interessant sind die kleinen Steinhütten, ›girna‹ genannt, die man an vielen Stellen auf den mit Windrädern besetzten Feldern sieht. Die maltesische ›girna‹ ist eine uralte Schutzhütte der Bauern und Hirten, die vor allem im steinigen Westen der Insel zu finden ist. Manchmal sind diese Hütten in die Mauern um die

▲ Die Pfarrkirche St. Maria in Mellieha

▼ Luzzi-Boote in der Anchor Bay

▲ Der Selmun Palace wurde als Sommersitz für die Ordensritter geplant .

▲ ... und ist heute eine stilvolle Unterkunft

▼ Im Inneren der Höhlenkirche von Mellieha

Äcker integriert. Nur noch wenige Menschen auf Malta beherrschen die raffinierte Kuppelkonstruktion aus großen Steinplatten. Die runden Jagdhütten in der freien Natur und ohne Kuppel heißen ›dura‹. Sie dienen auch heute noch den Vogeljägern als Versteck.

SPECIAL

Zweifel unangebracht

Auf einem winzigen Inselchen in der St. Paul's Bay steht eine 12 m hohe, weiße Statue: Sie zeigt den Apostel Paulus, von dem die Bucht auch ihren Namen erhielt. Im Herbst des Jahres 59 soll er hier vor der Küste Schiffbruch erlitten haben und an Land gegangen sein. Während seines dreimonatigen Aufenthaltes hatte er – so berichtet die Überlieferung – Kranke geheilt und die Malteser vor allem durch sein Wirken vom Christentum überzeugt. Nicht nur die Statue in der St. Paul's Bay, auch die St.-Paulus-Kirche oder die Paulus-Katakomben in Rabat halten bis heute die Erinnerung an Paulus wach. Ob er tatsächlich auf Malta und nicht, wie 1987 der Geograf Heinz Warnecke zu belegen versuchte, auf einer anderen Mittelmeerinsel gelandet war, konnte nicht mit Gewissheit geklärt werden und bleibt deshalb dem Glauben jedes Einzelnen anheim gestellt. Für die Malteser jedenfalls besteht nicht der geringste Zweifel, dass Paulus auf ihrer Insel gewirkt hat ...

Wallfahrt zur Heiligen Jungfrau

Eine Besonderheit ist die Höhlenkirche auf dem steilen Felsenplateau von Mellieha. Selbst wenn das Marienbildnis, das auf den nackten Höhlenfelsen gemalt wurde, nicht von dem Evangelisten Lukas stammt, sondern schon allein seinem Stil nach eher ins Mittelalter zu datieren ist, strahlt das Kircheninnere die magische Kraft des Urchristentums aus. Zahlreiche Votivgaben, die der Maria von Mellieha gebracht wurden, belegen, dass der Ort als Wallfahrtsstätte eine hohe Bedeutung hatte. Für die darüber liegende große Wallfahrtskirche aus dem 18. Jh. malte Giuseppe Cali das Altarbild, das den deutschen Ritter Guttenberg bei seiner Rettung aus großer Seenot zeigt.

Maßstab 1:50.000
0
1km
104
50
64
North Comino Channel
(Il Fliegu ta Għawdex)
San Niklaw Bay
Santa Marija Bay
Għemieri
Blue Lagoon
Comino
Cominotto
75
Redoubt
Comino Tower
Ras-l-Irqieqa
Comino
South Comino Channel
(Il Fliegu ta Malta)
Aħrax Point
White Tower
Rdum il-Ħmar
White Tower Bay
Ramla Bay
Vendome Battery
Armier Bay
Bastion
Ramla-Tal Qortin
Redoubt
Madonna Statue
Daħlet ix Xilep
Marfa Point
Ċirkewwa
Battery
Redoubt
Marfa
Paradise Bay
Rdum l-Aħmar
Il-Parsott
Marfa Ridge
Red Tower
Rdum il-Qawwi
Tal Qammieħ
112
Ras il-Qammieħ
Rdum il-Qammieħ
Il-Għadira
Mellieħa Bay
Ras il-Griebeġ
Qawra Tower
Blata il-Bajda
Bisqra
Redoubt
Is-Sellum
Il-Kortin ta' Għajn Żejtuna
St. Paul's Islands
St. Paul's Statue
Il-Ħofra
Popeye Village
Fort Campbell
Ras in-Nieċfa
Ridge
Tal-Blata
Anchor Bay
Selmun Palace
Rdum il-Bies
Ras il-Miġnuna Battery
Qawra Tower
Qawra Point
Qasam Barrani
Mellieħa
Mistra Bay
St. Paul's Bay
Qawra
Għallis Point
Rdum id Delli
Xemxija
Rdum Rxawn
Buġibba
Megalithic Temple
Għallis Tower
Salina Bay
Għajn Żnuber Tower
Mellieħa
Mistra Valley
San Pawl-il-Baħar
69
Wignacourt Tower
Salt Pans
Il-Ħotba
Rdum Majesa
Bajda Ridge
Is-Simar
Victory Church
Pwales Beach
Il-Maħrug
Kennedy Memorial Grove
Ras il-Waħx
80
Manikata
Wardija
St. Michaels Church
In-Naħħalija
St. Georges Church
Wardija Church
Tal-Qadi Temple
San Martin
Il-Għadira
Golden Bay
Għajn Tuffieħa
San Martin Church
Burmarrad
Għajn Tuffieħa Bay
Wardija Ridge
Wied Qannotta
Ġebel Għawzara
St. Pauls Church
Tas-Serb
Roman Baths
Wied Ta'l-Arkata
Victoria Lines
Ħal Dragu
Ras il-Pellegrin
Zammitello Palace
Mġarr
L-Iskorba
Żebbiegħ
Naxxar
Għajn Tuffieħa Bay
Gnejna Bay
Lippija Tower
Skorba Temples
Mosta Fort
St. Catarine's Church
Catacombs
Il-Pellegrin
127
Gnejna Valley
Ta'Ħagrat Temples
Għajn Rihana Valley
Tarġa Gap
Dolmen
Tal-Wej
L-Iskorvit
St. Margaret's Church
Tarġa Battery
Ta'l-Abatija
Binġemma
Il-Busbesija
Rotunda
Is-Sgħ
Fomm ir-Riħ Bay
Falka Gap
122
Tal-Wata
St. Anton Church
Ras ir-Raħeb
Tas-Santi
Dwejra Lines
Mosta
Tal-Isperanza
Victoria Lines
Bingemma Fort
Tombs
Ta' Mlit
Temple
Nadur
Binġemma Gap
Il-Qolla
191
Il-Qlejgħa
Tombs
Il-Qolla
St. Martin's
214
Baħrija
Qlejgħa Valley
National Stadium
Ta'Qali
Għemieri Palace
Għemieri
Tombs
Mtarfa
Tal Madliena
Ta' Qali Craft Centre
Misraħ Kola
Tombs and
1
2
3
4
5

Infos

Die Felsen am Wignacourt Tower sind ein beliebter Badeplatz in der St. Paul's Bay

St. Paul's Bay ①

St. Paul's Bay ist neben St. Julian's und Sliema das zweite große Ferienzentrum auf Malta. Rund um die Bucht – von Qawra über Bugibba und San Pawl il-Bahar bis nach Xemxija – zieht sich ein Gürtel aus Touristenstädten. Über einen gewachsenen Ortskern mit einem kleinen Fischerhafen verfügt lediglich San Pawl il-Bahar. Historische Stätten und Baudenkmäler gibt es hier wenig, dafür so gut wie alles, was man für einen Badeurlaub braucht, sowie eine riesige Auswahl an Hotels aller Kategorien, Restaurants, Bars und Cafés.

San Pawl il-Bahar: In dem Hafenstädtchen kann man auf den Spuren des heiligen Paulus wandeln. Die dortige **Pfarrkirche** steht an der Stelle, an der der Apostel angeblich von einer Schlange, die aus dem Feuer kam, gebissen wurde, ohne dass ihm Böses widerfuhr. Davon waren die Bewohner der Insel so beeindruckt, dass sie glaubten, er sei ein Gott. Laut maltesischer Legende zogen sich damals alle giftigen Schlangen von der Insel zurück. Auch die **Ghaij-Razul-Quelle** an der Straße nach Xemxija wird Paulus' Wirken zugeschrieben: Sie entsprang auf wundersame Weise, als Paulus den Felsen berührte. Etwa 200 m von der Pauluskirche entfernt kann der **Wignacourt Tower**, ein im 17. Jh. errichteter Wachturm, besichtigt werden.

Bugibba und Qawra: Nach Nordosten geht San Pawl il-Bahar zunächst in Bugibba und dann in Qawra über. Im Garten des Hotels ›New Dolmen‹ in Bugibba überdauerten die Reste eines kleinen neolithischen Tempels, die abends stimmungsvoll beleuchtet werden. Die Landspitze zwischen St. Paul's Bay und Salina Bay bewacht der Qawra Tower, der ebenfalls aus dem 17. Jh. stammt. In der Salina Bay bieten die Salzpfannen, in denen im Sommer das Meerwasser verdunstet und Salz gewonnen wird, einen eigenwilligen Anblick. Unweit der **Salinen** befindet sich in einem kleinen Olivenhain eine **Gedenkstätte** für den ermordeten amerikanischen Präsidenten John F. Kennedy.

Aktivitäten: Das Badeareal **Splash and Fun Park** ist mit seiner Wasserrutsche und dem Kinderspielplatz bei Familien sehr beliebt. Außerdem kann man einen Bootsausflug zu den **St.-Paul's-Inseln** unternehmen.

Strände: Gebadet wird in der Regel auf **Felsenterrassen**. Hier und da gibt es ein paar winzige Sandstreifen. Allerdings ist es von hier bis zu den schönsten Sandstränden Maltas – Paradise Bay und Ghajn Tuffieha Bay – nicht weit.

TIPP

Unterwasserschönheiten

Der berühmte Meeresforscher Jacques Cousteau kannte die Unterwasserwelt des Mittelmeeres vermutlich wie kein anderer, und er vertrat die Meinung, dass das Tauchen nur noch im Herzen des Mediterraneums tatsächlich ein Vergnügen sei. Maltas Tauchgründe gehören zu den schönsten, und deshalb steht dieser Sport bei Touristen auch weit oben in der Beliebtheitsskala. Mehr als 28 Tauchorte und etwa ebenso viele Tauch- und Segelzentren gibt es auf dem maltesischen Inselarchipel. Zwischen Juni und Oktober liegt die durchschnittliche Wassertemperatur bei 23 °C und macht sogar Tauchgänge ohne Anzug möglich. Ebbe und Flut sind kaum zu spüren. Es werden auch Tauchsafaris mit Unterwasserfotografie angeboten. Informationen erhält man beim Taucherverband Malta, www.digigate.net/divers.

Restaurants: Mit nostalgischem Ambiente und ausgefallener Kochkunst verwöhnen **Il-Vecc-ja Restaurant & Wine Bar** in St. Paul's Bay, St. Paul's Street, Tel. 21582376, und **Mange Tout** in Xemxija, St. Paul's Street 356, Tel. 21572121.

Unterkunft: Vom gemütlichen **Gillieru Harbour Hotel** (3 Sterne) mit familiärem Flair hat man einen schönen Blick auf den Fischer-

Abends erwacht Bugibba zum Leben: Verkaufsstand an der Strandpromenade

SPECIAL

Relaxen heißt es im Pool des ›Athenäum‹, das zum Hotel ›Corinthia Palace‹ gehört

Schön schlafen

Sich schlafen legen und in der Steinzeit erwachen – wo kann man das schon? Im ›New Dolmen Hotel‹ in Qawra an der St. Paul's Bay! Im Innenhof des großen Hotelkomplexes stehen nämlich die Reste eines Megalithtempels. Das mächtige Trilithportal erscheint in abendlicher Illumination besonders mythisch (Tel. 21581510, Fax 21581532, www.dolmen.com.mt). Das ›Selmun Palace Hotel‹ auf den Höhenzügen über der Mistra-Bucht umfängt eine ähnliche Aura. Ein alter Johanniter-Wachturm wurde in das Grand-Hotel integriert. Sein Gemäuer gibt heute einen stimmungsvollen Rahmen ab für ein vornehmes Restaurant und ein paar besonders schöne Zimmer (Tel. 21521040, Fax 21521159, www.accorhotels.com). Im Herzen Maltas liegt das ›Corinthia Palace Hotel‹ in Balzan. Wohlbefinden tanken kann man hier im hoteleigenen Beauty- und Wellness-Paradies ›Athenäum‹, u. a. mit Schönheitssalon und Saunalandschaft. Die Pools im ›Athenäum‹ sind in Kleeblattform angelegt, in Anlehnung an die Grundrissform der Megalithtempel (Tel. 21440301, Fax 21465713, www.corinthiahotels.com). Geradezu feudal empfängt das ›Le Meridien Phoenicia‹ vor den Stadtmauern von Valletta seine Gäste. In seinen mit viel Samt ausgestatteten Suiten und im Kronleuchtersaal fällt es nicht schwer, sich in die Zeit der Ordensritter zurückzuversetzen (Tel. 21225241, Fax 21235254, www.lemeridienphoenicia.com). Britisch präsentiert sich dagegen das ›Crown Plaza Hotel‹ auf der ruhigen Tigne-Halbinsel von Sliema – und das nicht nur wegen seiner stilvollen Bar, an der man entweder vor oder nach dem Essen einen wunderbaren Scotch zu sich zu nehmen kann (Tel. 21341178, Fax 21343410). Zu den jüngsten Nobelherbergen Maltas gehört der im Jahr 2000 eröffnete ›Xara Palace‹ in Mdina. Ein barocker Stadtpalast aus dem 17. Jh. wurde mit viel Feingefühl renoviert und in ein stilvolles, sehr geschmackvolles Hotel umgewandelt (Tel. 21450560, Fax 21452612, www.xarapalace.com.mt).

hafen und die St. Paul's Inseln, Tel. 21572720, Fax 21572745. Die 6 Gebäude des **Hotel San Anton** (3 Sterne) sind um einen großen Pool mit Sonnenterrasse gruppiert, Tel. 21576576, Fax 21576793. Für sportliche Gäste mit Komfortansprüchen: **Sol Suncrest Hotel** in Qawra, Tel. 21577101, Fax 21575478, www.suncresthotel.com.

Mellieha 2

Das Städtchen (6000 Einwohner) thront auf einem Felsplateau, das steil zur gleichnamigen Bucht hin abfällt. Wegen der Piratenüberfälle war das Dorf im 16. Jh. aufgegeben worden und wurde erst im 19. Jh. wieder besiedelt. Um den noch recht ursprünglichen Ortskern entstanden in den letzten Jahren viele Hotelneubauten und Ferienappartements.

Sehenswert: Von der Straße, in deren steilen Kurven sich die vollen Busse im Schneckentempo bewegen, kann man in den Fels gehauene **Höhlenwohnungen** erkennen, die schon seit der Piratenzeit bewohnt waren und es teilweise noch heute sind. Weithin sichtbar ist die **Pfarrkirche St. Maria** mit ihrer roten Kuppel. An ihrer Fassade hält ein riesenhafter Christus seine Hand schützend über den Ort und über die Menschen auf dem Kirchplatz. Eine breite Treppe führt hinab zur **Höhlenkirche**, wegen ihrer Marien-Ikone eine Wallfahrtsstätte, die Papst Johannes Paul II. 1990 besuchte. Wunderschöne Fresken schmücken die Felsenapsis. Das Kirchenschiff ist rundum mit prächtigem Marmor verkleidet.

Im Frühling blüht auf Malta der Mohn

Restaurants: Für seine exzellente Küche und seinen Weinkeller ist **The Arches** in der G. Borg Olivier Street 113 bekannt, Tel. 21523460.

Unterkunft: Die Vier-Sterne-Anlage des **Hotel La Salita** und **La Salita Antonine** liegt im Zentrum von Mellieha mit schönem Ausblick auf die Kathedrale und das Meer, Tel. 21520923, Fax 21520930.

Strände: Der flache, lange Sandstrand in der **Mellieha Bay** gilt als einer der schönsten auf Malta und ist für Familien mit Kleinkindern ideal. Auch für Verpflegung ist hier gesorgt.

Umgebung: Im **Ghadira-Naturreservat** beim Strand leben und brüten 19 von 21 maltesischen Schmetterlingsarten. Nördlich von Ghadira kann man ein **Bienenhaus aus der Römerzeit** besichtigen, das aus Stein und Terrakotta gebaut ist. Ein Juwel unter Maltas Wehrtürmen ist der **Selmun Palace** östlich von Mellieha oberhalb der Mistra Bay (heute Hotel, s. Special).

Infos

TIPP

Auf nach Comino!

Comino, die ›kleine Schwester‹ von Gozo, kann man von Gozo aus erreichen, aber auch von Cirkewwa, dem nördlichsten Ort auf Malta. Am Riviera Resort Hotel startet stündlich ein Ausflugsboot nach Comino (Informationen: Royal Cruises, Tel. 21553092, www.welcome.to/comino).

Am Pool des ›Corinthia Mistra Village‹

Das für Kinder wohl interessanteste Ausflugsziel liegt in der **Anchor Bay** westlich von Mellieha und heißt **Popeye Village**. Ein ganzes Fischerdorf aus Holz! Und das in einem Land, in dem es fast nur Steine und nur wenig Bäume, geschweige denn Wälder gibt. Gebaut wurde es 1979 als Filmkulisse für den Comicstreifen ›Popeye‹. Das Holz für die bunten Hütten und ihre windschiefen Veranden hat man eigens aus Kanada herangeschafft.

Marfa Ridge ③

Einsame Natur und eindrucksvolle Ausblicke auf das Meer bzw. hinüber zur Nachbarinsel Comino bietet der flache Höhenzug auf dem Nordwestzipfel Maltas. Von der Straße oben auf dem Kamm führen befestigte Wege zu den Buchten, in denen man baden kann. Einziges Baudenkmal auf dem Marfa Ridge ist der einstige Wehrturm **White Tower**, in dem sich heute ein Restaurant befindet.

Cirkewwa: In dem nördlichsten Ort Maltas steht an der Mole ein Hafengebäude mit ein paar Snackbars. Von dort verkehren zwei große **Autofähren** im Pendelverkehr nach Gozo. Dabei handelt es sich überwiegend um neue Schiffe. Die Überfahrt dauert eine gute halbe Stunde. Wer lange Wartezeiten im Sommer vermeiden will, sollte möglichst früh am Hafen sein.

Strände: Es gibt mehrere Buchten, in denen man baden kann. Unweit des Hafens breitet sich die schöne **Paradise Bay** aus, die wegen ihres Sandstrandes einer der meistbesuchten Badeplätze auf Malta ist. Bei Einheimischen sehr beliebt ist auch die **Armier Bay**, ein Sandstrand mit umfangreichem Serviceangebot. An der **Ramla Bay**, die auch für Nicht-Hotelgäste zugänglich ist, gibt es einen Surfbrettverleih und einen kleinen Hafen.

Unterkunft: Ideal für einen Familienurlaub ist das **Paradise Bay Resort Hotel** am gleichnamigen Sandstrand, Tel. 21573981, Fax 21573115, www.paradise-bay.com.

Ghajn Tuffieha ④

Ghajn Tuffieha ist altes Siedlungsgebiet. Spuren aus der Bronzezeit wurden hier gefunden, und die Römer bauten eine mit Mosaiken ausgelegte **Badeanlage** in der Nähe der Straße von Ghajn Tuffieha nach Zebbieh (nur auf Anfrage beim Fremdenverkehrsbüro zu besichtigen). Dennoch gibt es heute keinen Ort Ghajn Tuffieha. Vielmehr steht der Name für Maltas Vorzeigestrände: Ghajn Tuffieha Bay, Golden Bay und Gnejna Bay.

Strände: Die Straße von St. Paul's Bay nach Ghajn Tuffieha endet oberhalb der Treppen, die in die **Ghajn Tuffieha Bay** hinabführen. Der unterhalb des Steilufers gelegene, etwa 200 m lange Sandstrand ist noch unverbaut und deshalb besonders schön. Bestens auf Badegäste eingestellt ist man am Sandstrand der nördlich anschließenden **Golden Bay**, wo man Strandbedarf, Boote und Wassersportgeräte mieten und sich an Snackbars Erfrischungen kaufen kann. Ein Küstenweg verbindet die beiden Strände mit der **Gnejna Bay** ganz im Süden, die man von Mgarr aus auch mit dem Auto erreicht. Der rötliche Sandstrand ist ca. 100 m lang.

Mgarr ⑤

Sehenswert: Das 2700-Seelen-Dorf Mgarr besitzt ein gewaltiges Gotteshaus, das der Rotunda im benachbarten Mosta nicht unähnlich ist. Zweite Parallele: Die 1948 eingeweihte **Kuppelkirche** mit ihren zwei Fassadentürmen wurde ebenfalls durch Spenden der Einwohner finanziert. Das Kreuz neben der Kuppelkirche stammt noch aus dem alten Vorgängerbau. Am südwestlichen Ortsrand von Mgarr liegt das Ausgrabungsgelände des **Ta'-Hagrat-Tempels**. Man kann das Areal nicht betreten, aber bekommt auch schon bei einem Blick durch das Gittertor einen Eindruck von der Anlage, die aus der Vogelperspektive wie ein Strichmännchen mit einem Kind auf dem Arm wirkt. Ihr zentraler Raum ist mit einer einzigen großen Steinplatte ausgelegt.

Umgebung: Der uralte Kultplatz **Skorba** im benachbarten **Zebbieh** war ein zweites Zentrum in dieser fruchtbaren Binnenregion Maltas an den geschützten Südhängen des Wardija Ridge. Dort stieß man sogar auf Mauerreste aus der Zeit um 5200 – 4100 v. Chr. und damit vermutlich auf die älteste Siedlung auf Malta. Nach den dortigen Keramikfunden aus der Zeit zwischen 4500 und 3800 v. Chr. wird diese Phase der Megalithkultur als ›Skorba-Phase‹ benannt.

Auf den Anhöhen der **Victoria Lines** südlich von Mgarr sind noch Reste der so genannten ›Maltesischen Mauer‹, einer alten Verteidigungslinie aus britischer Zeit, vorhanden.

Die neue Kirche von **Manikata** auf den Hügeln des Bajda Ridge, ein Werk des maltesischen Architekten Richard England, ist mit ihrem modernen, geradezu futuristischen Aussehen eine Abwechslung zu den Kuppelkirchen in Mosta und Mgarr.

Popeye Village: Die einstige Filmkulisse ist heute eine Besucherattraktion im Norden Maltas

Die ›kleinen Schwestern‹

Kleine Schwestern haben es bisweilen schwer, aus dem Schatten der großen herauszutreten. Gozo und Comino, die beiden kleinen Nachbarinseln von Malta, können davon ein Lied singen. Doch seit einigen Jahren hat zumindest Gozo mächtig aufgeholt. Die grüne, sehr landwirtschaftlich geprägte Insel empfiehlt sich vor allem Gästen, die Ruhe und Naturerlebnis suchen und für die ein turbulentes Nachtleben nicht zwingend zum Urlaub gehört.

Ein Kunstwerk der Natur: das Felsentor Azure Window an der Westküste von Gozo.

▲ Der Hafen für große und kleine Boote: Mgarr

▲ Badeplatz in Xlendi

▼ Essen mit Meerblick

▼ Mit dem Ausflugsboot nach Comino

▼ Glasklar und knalltürkis ist das Wasser in der Blauen Lagune ...

▲ ... nur der Platz zum Liegen ist bisweilen knapp

Auf allen Schiffen, die vom Festland ablegen, um auf eine Insel zu gelangen, spüren die meisten Menschen ein angenehmes Gefühl von freudiger Erwartung. Als ob man alle Sorgen hinter sich ließe, um ein neues Leben zu beginnen. So geht es auch vielen Touristen, die nach Gozo, der ›kleinen Schwester‹ von Malta, übersetzen. Gozo liegt zwar zum Greifen nahe und ist doch so fern. Nur eine 6 km breite Meerenge trennt die beiden Inseln, doch wer auf das weiße Fährschiff in Cirkewwa steigt, betritt in Mgarr, dem Fährhafen von Gozo, eine andere Welt.

Ein Dampfschiff für die Pilger

An einem Samstag im Jahre 1885 begann für Gozo eine neue Epoche. Ein brandneues Dampfschiff gewährleistete von nun an eine regelmäßige Fährverbindung zwischen den beiden Inseln. Das Schiff wurde eigens für die vielen Menschen gebaut, die zu der kleinen Kapelle Ta' Pinu am anderen Ende der Insel pilgerten. Von dem Fischerhafen Mgarr wanderten sie über holprige Wege nach Gharb. In diesem Dorf wohnten die Bäuerin Carmela Grima und ihr Freund Frangisk Portelli, die an einem Junitag im Jahr 1883 in der Feldkapelle die Stimme Marias gehört haben wollten. Alsbald häuften sich die Erzählungen über wundersame Heilungen an diesem Ort, die Zahl der Wallfahrer nahm zu, und so entschloss man sich zum Bau einer neuen, repräsentativen Kirche mitten auf den Feldern. Nun konnten die Pilger kommen.

Wo die Uhren anders gehen

Obwohl das Eiland ein ideales Übungsgelände für Fahrstunden im Linksverkehr wäre, gibt es dennoch nur wenige Gründe, es motorisiert zu erkunden. Auf Gozo kennt man höchstens das Tempo eines Eselswagens. Auch die hochglanzpolierten Oldtimer-Taxis mit weißen Ledersitzen fahren aus Prinzip nicht viel schneller als dieser. Dazu kommt der relativ dünne Busfahrplan, der weniger zu einer Busfahrt als zu der Entscheidung anregt, sich auf der nur 14 km langen und 7 km breiten Insel ›per pedes‹ fortzubewegen. Im Unterschied zu Malta kann man auf Gozo tatsächlich noch von einem Dorf zum anderen wandern, so gering sind die meisten

▲ In der Zitadelle von Victoria

▲ Sakralbaukunst und Wohnkultur in Victoria: Kathedrale ...

▼ ... und Wohnhaus Ciffa

▲ Plausch auf der Straße

Entfernungen und dennoch so deutlich voneinander getrennt sind die Ortschaften. Die Luft flimmert von der Hitze, und der Wind weht den Fenchelduft von den Feldern durch die Dorfstraßen, die während der Siesta zu schlafen scheinen und erst am Nachmittag wieder erwachen. Wenn die Sonne von ihrer Kraft ein bisschen eingebüsst hat, füllen sich langsam die leeren Bänke vor den Schatten spendenden Hausmauern. Während die alten Männer sich unterhalten und den Vorbeigehenden einen freundlichen Gruß und ein väterliches Lächeln schenken, lassen die Frauen leise das Holz der Klöppelstöcke klingen.

▼ Beim Festumzug in Gharb

SPECIAL

Der Baumeister

Ein halbes Jahrhundert lang prägte vor allem ein Mann die Architektur auf Malta: Lorenzo Gafà. Der 1630 in Mdina geborene Baumeister hatte in Rom die barocke Baukunst studiert, bevor er in seine Heimat zurückkehrte und dort zum meistbeschäftigten Architekten avancierte. Als das Erdbeben 1693 den normannischen Dom von Mdina zerstörte, erhielt Gafà den Auftrag für einen Neubau, der bis 1702 nach seinen Plänen errichtet wurde. Auch auf Gozo hat der Baumeister ein stolzes Alterswerk hinterlassen – die Kathedrale von Victoria. Inspiriert von den Eindrücken aus der italienischen Metropole entwarf er hier einen Bau, der seine Nähe zur römischen Architektur nicht leugnen kann. Das beginnt bereits an der wunderbaren Treppe, mit der das Hinaufsteigen geradezu zelebriert wird, setzt sich fort in der schlichten Fassade, die jeder Rom-Kenner sofort an die Jesuitenkirche Il-Gesù erinnert und endet im Innenraum bei der Kuppel, die eine verblüffende Ähnlichkeit zu der des Petersdoms zeigt – mit dem gravierenden Unterschied, dass die in Victoria nur gemalt ist.

Victoria oder Rabat?

An dem Alten Uhrturm gegenüber der Kathedrale fehlen die Zeiger. Ohnehin ist in der Zitadelle von Victoria die Zeit stehen geblieben. Es ist dort still wie in den Dörfern – zumindest so lange, bis der nächste Touristenbus eintrifft. Rund 300 000 Ta-

▲ Meersalzgewinnung in der Xwieni Bay

▲ Ramla Bay, einer der Paradestrände auf Gozo

▲ Kerzen für die Kalypso-Höhle gefällig?

▼ Familie am Strand der Ramla Bay

▼ *Durch Mäuerchen voneinander abgetrennte Felder prägen das Bild von Gozo*

gesausflügler pro Jahr wollen Victoria sehen, zumindest für einen Tag, den sie im Rahmen eines Ausflugs auf Gozo zubringen. Bis 1897 hieß die Stadt übrigens nicht Victoria, sondern Rabat. Der Anlass für die Umbenennung war das 60-jährige Thronjubiläum von Königin Victoria. Doch die Menschen auf Gozo ließen sich davon nicht beeindrucken und nannten ihre Hauptstadt weiterhin Rabat.

Golden wie eine Märchenburg erstrahlt sie in 140 m Höhe. Der Blick von ihren Mauern verdeutlicht, dass hier das Leben noch überschaubar ist. Um die Stadt breitet sich ein kleines Arizona aus, mit eigentümlichen Tafelbergen, die kahl zwischen den ausgedörrten Äckern hocken. Trotz der vielen Sonne sind sie auf Gozo grüner als auf Malta. In den feuchten Wintermonaten ist dann sowieso jeder Eindruck von Kargheit verschwunden. Dann liegt die Landschaft da wie ein Bild mit geometrischen Feldern und Formen, gerahmt von Wolken wie aus Zuckerwatte und dem blauen Meer. Auf den Kegelbergen sitzen Kirchen und Kapellen, und eine einsame Jesusfigur breitet ihre Arme zum Kreuz – Rio de Janeiro lässt grüßen.

Türken und Johanniter

Der Eindruck einer Idylle trügt, denn er ist wie meistens nur eine Seite der Medaille. Die Geschichte Gozos war nicht zu allen Zeiten so friedlich. Die von den Phöniziern als ›Göl‹ und von den Griechen und Römern als ›Gaulus‹ bezeichnete Insel wurde 1551 von den Türken überfallen. Sinan Pascha eroberte die Zitadelle von Rabat und verschleppte die gesamte Bevölkerung in die Sklaverei. Fast alle anderen wurden getötet.

Wohl wissend, dass die Türkengefahr auch nach diesem verheerenden Überfall nicht gebannt war, ließ der Johanniterorden daraufhin die Zitadelle wieder aufbauen. Bei den späteren Eroberungsversuchen der Türken und Überfällen von Piraten konnten sich die Inselbewohner mit ihren Habseligkeiten wenigstens hier verstecken, während ihre Häuser und Felder geplündert wurden. Erst ein, zwei Jahrhunderte später, als man sich vor äußeren Gefahren einigermaßen sicher glaubte, durfte die Zitadelle auch wieder besiedelt werden.

▲ Xaghra ist einer der größeren Orte auf Gozo

▲ Grünes Gozo: Landschaft bei Qala

▼ Die Megalithtempel von Ggantija ...

▲ ... bergen mehrere Trilithaltäre

▼ Windmühle mit kleinem Museum in Xaghra

Fruchtbare Insel, arme Insel

Auf den Feldern von Gozo wachsen Kartoffeln, Zwiebeln, Kohl, Weizen und Gerste. Auch Erdbeeren, Wein und Zitrusfrüchte werden angebaut. Dennoch ist Gozo deshalb keine reiche Insel, im Gegenteil: Infolge der zunehmenden Verkarstung wird die Landwirtschaft nur noch im Nebenerwerb betrieben, die Bevölkerung wandert mehr und mehr ab. Allein der Tourismus verspricht noch Einkommensquellen.

SPECIAL

Der Wunderheiler

In wattige Nebelschwaden gehüllt liegt der Wallfahrtsort Ta´Pinu in einer weiten Ebene zwischen dem 170 m hohen Tafelberg Ta' Ghammar und dem Dorfhügel von Gharb. 1908 erblickte dort Frenc ta'l Gharb das Licht der Welt. Er war ein nur einfacher Bauer, doch er fühlte sich berufen, die Menschen von ihren Leiden zu heilen. In Scharen kamen sie heimlich des Nachts in sein Haus, weil er als Arzt offiziell nicht tätig sein durfte. Später führte er die Pilgerströme auf ›seinen Berg‹, heilte die Menschen mit den Kräutern, die dort wachsen, mit dem Öl von dem Licht in Ta' Pinu, das gegenüber dem Marienbildnis (1619) auf dem Altar der alten Kapelle brennt, oder auch mit Arzneimitteln aus der seltenen Pflanze, die den Fungus Rock bedeckt. Dass körperliche Krankheiten häufig auf psychologischen Stress und emotionale Probleme zurückzuführen sind, war damals noch keineswegs medizinisches Allgemeingut, Frenc ta'l Gharb aber nicht fremd. 25 Jahre nach seinem Tod, 1992, wurden die Gebeine des Wunderheilers vom Friedhof in die Kirche von Gharb überführt.

Urlaub auf Gozitanisch

Ein dezentes Schild am Durchgang zum Pool-Areal bittet die Urlauber, das Handy abzuschalten. Kein nervöses Klingeln soll die Ruhe hier stören. Erholung für Ohren und Augen ist das Motto. Wenn der Schirokko die unwirtliche Landschaft ausgetrocknet hat, dann blüht der Garten Eden im Hotel Ta'Cenc wie eine Oase in der Steinwüste. Die Kalksteinhäuschen ducken

▲ Die Wallfahrtskirche Ta' Pinu

▼ Glasbläser im Ta' Dbiegi Crafts Centre

▲ Hübsches Souvenir: Mundgeblasenes Glas

▲ **Melonenernte bei Xaghra**

▼ **Maltesische Familie in Festtagskleidung**

▼ **Steilküste in der Xlendi Bay**

sich unter Palmen, umrankt von kringeligen Kakteen. Auf dem Weg zu dem kleinen Badefjord unterhalb der Kalksteinklippen schmücken ein paar Dolmen aus der Bronzezeit das karge Plateau. Von weitem erweckt die Ferienanlage den Eindruck, sie sei ebenfalls damals entstanden. Von der Rezeption führt der Weg für die Taxis zwischen rustikalen Steinmauern durch den dorfartigen Komplex. Abends geht man zum alten Tower und betrachtet die untergehende Sonne oder die bizarren Blüten der Kapernfrüchte am Wegrand.

SPECIAL

Kräfte der Natur

Wenn die Sonne im Meer versinkt, verwandeln sich die Felsen an Gozos Westküste in dunkle dämonische Gestalten. Wie ein riesiges Untier liegt der Fungus Rock in seiner runden Bucht. Wandert man weiter zu dem alten Ritterturm hinauf, entpuppen sich seine Formen als eine stolze Bastion, die im Winter von reißender Gischt umsprüht wird. Vom Tower blickt man hinüber zu den Salzpfannen, deren Wasser im Abendlicht rubinrot schillert. Jenseits der Zeit erscheint auch das ›Azure Window‹, ein Felsentor, das sich wie ein riesengroßes Tempelportal über den rosa Dunst des Meeres wölbt. In der kleinen Kapelle am Felsentor werden die Touristen aufgefordert, auf ihre innere Stimme zu lauschen. Doch dafür ist selten Zeit, auch im Urlaub nicht. Die meisten steigen hier in ein buntes Boot, um durch die Felsenhöhle hinaus auf das offene Meer zu fahren. Dort zeigt der Bootsmann allerlei Formen und Gebilde, die man in den steilen Klippen mit etwas gutem Willen erkennen kann – ein Krokodil oder ein Schimpansengesicht etwa.

Besonders gern halten die Bootsführer am so genannten Fungus Rock, auf dem eine pilzartige Heilpflanze wächst. Die Johanniter verkauften sie den Adelshäusern Europas. Da man um die Einkommensquelle wusste, sollte der Turm oberhalb der Küste den Felsen bewachen. Englische Wissenschaftler stellten jedoch fest, dass die Pflanze keinerlei Heileffekte hat. Kannte man auch damals etwa schon den Placebo-Effekt?

Gozo
Comino
Victoria
(Rabat)
Marsalforn
Żebbuġ
Xagħra
Xewkija
Nadur
Qala
Mġarr
Għajnsielem
Sannat
Munxar
Xlendi
Kerċem
Fontana
Għarb
San Lawrenz
Santu Pietru
Għasri
Għammar
Birbuba
Wilga
San Niklaw
Gelmus
Santa Luċija
Tar-Riefnu
Is-Saqwi
It-Taflija
Tal-Ħamrija
Ta' Gorgun
Ta' Ċenċ
Is-Srug
Ta' Bullara
Il Pergla
Ta' l-Għajjun
Ta' Ħida
Bin Ġemma
Ta' Ċini
Wardija
Qbajjar
Dabrani
Ta' Kuljat
Il-Ħarrax
Nuffara
Gordan
Citadel
Bus Terminal
Church of St.George
Knight's Wash House
Knight's Tower
Ġgantija Temples
Ninus Cave
Xerri's Grotto
Ta' Sansuna
Calypso's Cave
Roman Remains
Redoubt
Xewkija Dome
Santa Ċilja Tower
Kenuno Tower
Our Lady of Lourdes
Fort Chambray
Ta' Pinu Church
Għasri Church
St. Dimitri Church
Għajn Abdul
Neolithic Cave Dwellings
Aqueduct
Għajn Hammier
Qawra Tower
Torri ta' Xlendi
Burial Mounds Cart Ruts and Dolmen
Cart Ruts
Windmill
Mistra Rocks
Rdum il-Kbir
Ramla Bay
San Blas Bay
Daħlet Qorrot
Qala Point
Ġebel tal-Ħalfa
Il-Ħnejja
Taċ-Ċawl Rocks
Mġarr Harbour
Ta' Ċenċ
Mġarr Ix-Xini
Torri ta' Mġarr ix-Xini
Fessej Rock
Ras il-Ħobs
Xatt l-Aħmar
Mellieħa Point
Tafal Cliffs
Xlendi Bay
Ras il-Bajda
Wardija Point
Ġebel Ben Ġorg
Fungus Rock
Dwejra Bay
Dwejra Point
Dwejra Lake
Azure Window
San Dimitri Point
Hekka Point
Pinu Point
Forna Point
Naħħag Il-baħar
Reqqa Point
Xwieni Bay
Salt Pans
Marsalforn Bay
Għajn Damma
Marsalforn Valley
Ramla Valley
Sara Valley
Wied il-Għasri
Wied tal-Għejun
Wied il-Mielaħ
Wied Ilma
Wied Ħanzira
Tal-Lunzjata
North Comino Channel
(Il Fliegu ta Għawdex)
South Comino Channel
(Il Fliegu ta Malta)
Comino
Cominotto
Blue Lagoon
San Niklaw Bay
Santa Marija Bay
Għemieri
Comino Tower
Ras-l-Irqieqa
Ramla Bay
Vendome Battery
Mġarr-Floriana
Buġibba
Ċirkewwa
Sliema
Mġarr
88
00
Maßstab 1:50.000
0
1km

Infos

Ein Fischer beim Auslegen der Reusen

Victoria ①

Alle Wege auf Gozo führen nach Victoria, das bei den Einheimischen auch seinen alten arabischen Namen Rabat trägt. Das Städtchen (6500 Einw.) auf dem weithin sichtbaren Tafelberg in der Mitte der Insel versprüht den Charme einer gewachsenen Ansiedlung. Auf der Republic Street ziehen sich die in dezenten Farben gehaltenen Holzbalkone hinauf bis zum Marktplatz It Tokk. Von dort geht es zu Fuß bergan zu der alten Zitadelle mit ihren schmalen Gassen. Romantisch ist auch das Gassenlabyrinth im Altstadtviertel St. George hinter dem Markt.

Sehenswert: Der **Marktplatz It-Tokk** in der Vorstadt unterhalb der Zitadelle wird von der **Banka Giuratale**, einem halbkreisförmigen Barockgebäude (1733), eingefasst. Die **Georgskirche** (Church of St. George) am gleichnamigen Platz (17. Jh.) hinter dem Markt besitzt ein Altargemälde von Mattia Preti und eine reich bemalte Statue des hl. Georg. Der Baldachin aus Bronze ist eine Kopie des Bernini-Baldachins im römischen Petersdom. Die **Kathedrale** in der **Zitadelle** ist ein Kuriosum. Obwohl sie von einem der größten Kuppelbaumeister des Barock, von Lorenzo Gafà zwischen 1697 und 1711 errichtet wurde, hat sie keine Kuppel. Aus finanziellen Gründen unterblieb dies, und dafür ließ man Antonio Manuele 1739 ein perspektivisches Gemälde als Ersatz an die flache Decke malen. Innerhalb der **Zitadelle** gibt es noch arabisches Gemäuer, normannische Bauten sowie Paläste und Kanonen aus der Ritterzeit, in denen zum Teil Museen eingerichtet wurden.

Museen: In dem alten Patriziersitz Casa Bondi in der Zitadelle befindet sich das **Archäologische Museum**, wo man u. a. den Ggantija-Kultstein mit der Schlange und den Grabstein eines zwölfjährigen Mädchens aus dem Jahre 1174 sehen kann. Auf einem Bild im **Kathedral-Museum** in der einstigen Sakristei der Kirche ist das Martyrium der hl. Agatha höchst dramatisch dargestellt. Besonders interessant ist das **Folklore-Museum** in einem mittelalterlichen Wohnhauskomplex in der Zitadelle, das einen Einblick in die spätmittelalterliche Alltagskultur gewährt. Ebenfalls in der Zitadelle findet man die **Waffenkammer** und das **Naturgeschichtliche Museum** (Zitadelle und Kathedrale sind geöffnet: 1. Okt. bis 31. März Mo. – Sa. 8.30 bis 16.30, 1. April bis 30. Sept. Mo. – Sa. 8.30 bis 17.00, So. 8.30 – 15.00 Uhr).

Restaurants: Verlockend sind die kleinen Cafés und Kneipen im Zentrum von Victoria, wie zum Beispiel das **Café Jubilee** am Independence Square 8 mit dem Flair der französischen Bistros aus den 1920er-Jahren, Tel. 21558921.

Einkäufe: In den Gassen hinter dem **It Tokk** reihen sich kleine Souvenir- und Kramläden aneinander. Hier kann man auch Antiquitäten erstehen. Auch die Buchläden in Rabat sind verlockend. Mondän hingegen zeigt sich die große Einkaufspassage in der Republic Street.

Veranstaltungen: Zum **Fest des hl. Georg** am dritten Sonntag im Juli verwandelt sich der It Tokk in ein farbenreiches Meer von Heiligenstatuen. Ebenso am **Mariä-Himmelfahrtstag** (15. August), an dem eine Festa mit Pferde- und Eselrennen stattfindet, die sich bis in die 1914/1915 angelegten Rundle Gardens ausweitet. Zum Karneval vor der Fastenzeit werden hier Tanzwettbewerbe durchgeführt.

TIPP

Aurora und Astra

Die kleine Hauptstadt von Gozo glänzt gleich mit zwei Opernhäusern, die auch noch die schönen Namen ›Aurora‹ und ›Astra‹ tragen. Ein- bis zweimal im Jahr werden hier auch tatsächlich Opernensembles eingeladen, die restliche Zeit dienen die altehrwürdigen Kulturstätten als Kino, Club und Diskothek. Für Filmfans und Freunde skurriler Kinos ein Muss!

TIPP

Gozo kulinarisch

In der Sonne getrocknete Tomaten, harter Ziegenkäse, in Weinessig eingelegt und mit schwarzem Pfeffer ummantelt, Artischocken, Kapern, Oliven und frisches, nach alter Sitte gebackenes Krustenbrot: In der Probierstube von Ricardo Zammit auf der Zitadelle von Victoria kommen Gozos frische Landprodukte auf den Tisch. Begleitet wird das bäuerliche Picknick von seinen hauseigenen Weinen, beschlossen wird es mit helwa tat-tork, türkischem Halwa, und einer Kaffeekreation mit Anis und Nelkengewürz. Ta'Ricardo, 4 Triq Il Fosos, Citadella, Victoria-Rabat, Tel. 21555953.

Mgarr ②

Mgarr ist der Fährhafen von Gozo. Von weitem schon begrüßt der Hafenort die Ausflügler aus Malta mit seiner markanten neogotischen **Kirche ›Our Lady of Lourdes‹** auf dem Berg. Das zweite markante Bauwerk am Ort ist das **Fort Chambray** aus der Johanniterzeit, das in ein Ferienzentrum umgewandelt wurde.

Umgebung: In der **Gozo Heritage** an der Hauptstraße durch Ghajnsielem erhält man unter dem Motto ›History as a Living Experience‹ einen lebendigen Einblick in die Geschichte Gozos (geöffnet Mo. – Sa. 10.00 bis 16.45 Uhr).

Die Xlendi Bay ist ein beliebter Tauchplatz

Festtag in Gharb: Die Prozession mit der hl. Maria und Elisabeth ist an der Kirche angekommen

Umgebung: Waren die Gozitaner größenwahnsinnig oder wollten sie einfach nur mal die größere Schwesterinsel in den Schatten stellen, als sie die neue Kirche in **Xewkija** bauten? Die Kuppel der 1971 geweihten Pfarrkirche ist mit ihren 75 m höher als die Kuppel der Kirche in Mosta auf Malta und die dritthöchste Kuppel Europas! Sie hat einen Innendurchmesser von 25 m und wiegt 45000 t. In dem kleinen Skulpturen-Museum der Kirche befindet sich eine 150 Jahre alte Marienstatue. In den Dörfern **Qala** und **Nadur** gehören viele prächtige Villen Heimkehrern aus Australien und Amerika. Das verraten Hausnamen wie ›God bless Australia‹ oder ›Old glory USA‹. Das Grima-Maritim-Museum in **Nadur** informiert über die Schifffahrtsgeschichte. In **Qala** steht noch eine alte Windmühle, und mitten im Ort hat ein Monolith aus prähistorischen Zeiten seinen Platz zwischen den Wohnhäusern behauptet.

Strände: Durch ein fruchtbares Tal hinter Qala und dann die Serpentinen hinab gelangt man zu einem kleinen, weißen **Sandstrand** mit Blick auf Comino und die Blaue Lagune. Von Nadur führt eine Straße zur Traumbucht **San Blas** – ein verwunschener, goldfarbener Sandstrand am Ende eines Tals. Weniger romantisch ist der Felsenstrand von Dahlet Qorrot etwa 1 km weiter südöstlich.

Herrlich ist der Blick von oben auf den breiten Sandstrand in der Ramla Bay

XAGHRA 3

Der Ort, mit rund 3600 Einwohnern einer der größten auf Gozo, ist den meisten Besuchern wegen des Ggantija-Tempels ein Begriff, doch er hat auch noch mehr zu bieten. Bestimmend für das Ortsbild von Xaghra sind die neobarocke Antonius-Kirche und die schöne Windmühle Ta' Kola.

Sehenswert: Xaghra erwartet seine Besucher mit zwei ›kühlen‹ Sehenswürdigkeiten: **Ninu's Cave** und **Xerri's Grotto**. Die beiden 17 m tiefen Tropfsteinhöhlen mit allerlei schönen Stalaktiten sind im Ort ausgeschildert. In beide Grotten erfolgt der Abstieg durch Privathäuser, in denen die Höhlen beim Zisternenbau entdeckt wurden. Ein Kleinod ist auch das **Mühlenmuseum** Ta' Kola. Das Eintrittsticket für das Museum gilt auch für die Ggantija-Tempel und umgekehrt.

Die an einem Panoramaweg südlich von Xaghra gelegene Tempelanlage **Ggantija** wird in das 4. Jt. v. Chr. datiert. Sie besteht aus zwei nebeneinander angelegten Tempeln, um die eine gemeinsame Außenmauer aus riesigen, bis zu 57 t schweren Steinen aufgeschichtet wurde. Die Mauer erreicht heute noch eine Höhe von 8 m, ursprünglich sollen es 16 m gewesen sein. Schön ist das Wasserbecken am Eingang des südlichen Großtempels, das für rituelle Waschungen vor dem Betreten des Tempels genutzt wurde. Weitere interessante Details sind z. B. die beiden Feuerstellen, die zum Teil kunstvoll verzierten Steinblöcke und die Nischenaltäre.

Unterkunft: Cornucopia Hotel & Bungalows, ein im maltesischen Stil erbautes Hotel der gehobenen Mittelklasse mit zwei Swimmingpools, Tel. 21556486, Fax 21552910, www.vjborg.com.

Strände: Von Xaghra führt eine schöne Wanderung zur **Kalypso-Grotte**, die man nur mit gutem Schuhwerk begehen sollte. Oberhalb der Grotte befindet sich eine Aussichtsplattform, die einen herrlichen Blick auf die Küste von Gozo freigibt, insbesondere auf den unterhalb liegenden, breiten Sandstrand in der **Ramla Bay**, Gozos Badeplatz Nummer eins. Von der Kalypso-Grotte ist mit etwas Mühe etwa 25 m vom Ufer entfernt eine Mauer im Wasser zu erkennen. Die Johanniter hatten sie zum Schutz gegen Korsarenschiffe gebaut, die bei einer Annäherung an das Ufer auf die ca. 50 m dicke Mauer aufgelaufen und gesunken wären.

MARSALFORN 4

Das ehemalige Fischerdorf ist heute das größte Tourismuszentrum der Insel, aber außerhalb der Saison immer noch ein eher geruhsamer Ort. Am Wochenende kommen viele Malteser hierher.

Umgebung: Von Marsalforn gelangt man auf schmalen Straßen zu den malerischen Salzpfannenstränden in der **Xwieni Bay** und von dort hinauf zu den einsamen Bauerndörfern **Zebbug** (was so viel wie Olivenhain bedeutet) mit seiner barocken Kirche und **Ghasri** (Ölpresse), die mit ihrer schlichten Bauernhausarchitektur kleine Gesamtkunstwerke darstellen.

GHARB 5

Das lang gezogene Dorf hinter dem heiligen Berg Ta' Ghammar wirkt nicht nur aus der Ferne archaisch. In dem Ort ist vor allem der Marienkult noch sehr lebendig.

Sehenswert: Blickfang an Gharbs Hauptplatz ist die 1732 vollendete **Pfarrkirche Madonna Tal-Virtut**. Mit ihrer bewegten, an Bauschmuck nicht gerade armen Fassade verkörpert sie auf eindrucksvolle Weise das barocke Architekturverständnis. Über das bäuerliche

Leben auf Gozo informiert das **Folklore-Museum**, das in einem hübsch restaurierten Wohnhaus am Hauptplatz von Gharb eingerichtet wurde. In den Räumen werden der Alltag und die Arbeit auf dem Land anschaulich thematisiert.

Schon von weitem sieht man die Kirche **Ta' Pinu**, die östlich von Gharb aus den Feldern aufragt. Sie ist die bedeutendste Marienwallfahrtsstätte des gesamten Inselarchipels. Der neoromanische Bau entstand an der Stelle einer Kapelle, in der die Bäuerin Carmela Grima 1883 die Stimme der heiligen Jungfrau gehört haben will. Als der Strom der Besucher und der Wunderheilungen zunahm, errichtete man die größere Kirche mit ihrem frei stehenden Glockenturm. 1931 wurde das neue Gotteshaus geweiht. Carmela Grima ist in der Kirche beigesetzt.

Einkaufen: **Ta' Dbiegi Crafts Village**, das Handwerksdorf zwischen Gharb und San Lawrenz ist das gozitanische Pendant zu Ta' Qali bei Mdina auf Malta. In der Glasbläserei von Gharb kann man hochwertige Glaswaren erstehen.

Unterkunft: Das **Hotel Calypso** mit eigener Tauchschule liegt am Ortsende in der Nähe eines kleinen Sand- und Kiesstrandes, Tel. 21562000, Fax 21562012. Im Landesstil gehalten ist das nahe der Dwejra Bay gelegene, komfortable **Kempinski San Lawrenz Resort & Spa** (fünf Sterne), Tel. 21558640, Fax 21562977, www.sanlawrenz.com.

Umgebung: Die rund 2 km bis zu der **Kapelle San Dimitri** östlich von Gharb kann man mit dem Auto zurücklegen, schöner ist ein Spaziergang über die Felder dorthin. Sie stammt aus dem 15. Jh., wurde aber im 17. Jh. barock umgebaut.

Über **San Lawrenz**, benannt nach der Pfarrkirche, gelangt man von Gharb an die Westküste, die mit ihren steilen Klippen ein einzigartiges Naturschauspiel bietet. Vom Parkplatz aus erreicht man zunächst den **Inland Sea**, einen Salzwasserbinnensee, der durch einen natürlichen Tunnel mit dem Meer verbunden ist. Hauptattraktion an diesem Küstenabschnitt ist aber der hohe, von Wasser umtoste Felsbogen **Azure Window**, eines der beliebtesten Fotomotive auf Gozo. Einige hundert Meter weiter südlich gelangt man zur **Dwejra Bay**, die auch ein Paradies für Taucher ist. Nur wenige Meter vor der Steilküste ragt ein bizarrer Felsblock etwa 20 m aus dem Wasser, der wegen der dort wachsenden Pflanze **Fungus Rock** heißt. Mit Booten kann man sich zum Fungus Rock hinüberfahren lassen. Von der Dwejra Bay führt eine Wanderung zu dem Aussichtspunkt **Wardija Point** im Südwesten der Insel.

SPECIAL

My home is my castle

Von außen erscheinen sie zuweilen wie kleine Festungen, denn wegen der Piratenüberfälle im Mittelalter bauten die Bauernfamilien ihre Wohnhäuser eher wehrhaft und gerne auf Anhöhen. Öffnet man jedoch ihre knarrenden Holztüren und beschreitet ihre kühlen Arkadengänge, dann gelangt man in einen paradiesischen Innenhof mit duftender Flora und Swimmingpool. Als ›Architektur ohne Architekten‹ bezeichnet man heute die ebenso schlichten wie eindrucksvollen Gebäude, die sich wie geometrische Kunstwerke in die steinigen Terrassenfelder fügen. Die Erfahrungen von Generationen anonymer Baumeister sprechen aus diesen Gemäuern, in denen Funktionalität und Schönheit eine Symbiose eingehen. Was sich heute als sonnige Terrassentür öffnet, war früher die Stalltür. Archaisch sind auch ihre Balkone – Zeugnisse filigraner Steinmetzkunst der Gozitaner. Zuweilen sind sie mit dem Malteserkreuz verziert. Die alten Möbelstücke mit dem Ritterkreuz sind Liebhaberobjekte auf Malta. In dieser bäuerlichen Atmosphäre kann man auf Gozo aristokratischen Urlaubsgelüsten frönen. Die Landhäuser werden von verschiedenen Reiseveranstaltern als noble Feriendomizile vermietet. Wem das alles nicht reicht, der bestellt sich noch einen Koch dazu und lässt sich am knisternden Kaminfeuer Lobster servieren: www.gozo.com/mananni, Tel. 551051, Fax 564732.

Herberge im mediterranen Stil: Hotel Ta' Cenc

Xlendi 6

Das Fischerdorf mit den pittoresken Booten im tintenblauen Fjord hat sich zu einem kleinen, aber feinen Touristenzentrum gemausert. Wer steile Klippen, Grotten und urige Fischkneipen liebt, wird sich hier wohl fühlen.

Strände: An einem Promenadenweg unter schattigen Tamariskenbäumen reihen sich die Badeplätze aneinander. Der Einstieg ins Meer erfolgt über Stahlleitern. Außerdem gibt es in einem schmalen Fjordarm einen Felsenstrand.

Unterkunft: **St. Patrick's Hotel**, Tel. 21562951, Fax 21556598, eine elegante Unterkunft mit Dachgarten unmittelbar am Ufer der Xlendi Bay. **Ta' Cenc**, Tel. 21556819, Fax 21558199, www.vjborg.com, sehr geschmackvoll gestaltetes Luxushotel im Inselstil inmitten üppiger Vegetation.

Umgebung: In dem Vorort **Fontana** auf dem Weg nach Xlendi befindet sich in einer schmalen Kurve an der Hauptstraße ein **Waschbrunnenhaus** vom deutschen Ritter Guttenberg, samt einem Souvenirshop für die Bustouristen. Es wurde in natürlichen Grotten eingerichtet und wird heute meist zum Autoputzen benutzt. Ruhe und Landschaftseindrücke sammeln kann man auf einer Wanderung auf der Hochebene Ta' Cenc oberhalb der überwältigenden Steilklippen. Sie führt zu den abgelegenen Dörfern **Sannat** und **Munxar** und zu dem Hotelkomplex **Ta' Cenc** (s. o.), wo noch einige bronzezeitliche Karrenspuren zu sehen sind.

Comino 7

Die dritte und kleinste Insel des maltesischen Archipels liegt in einem ca. 6 km breiten Meeresarm zwischen Malta und Gozo. Das winzige, nur knapp 3 km^2 große Eiland erhielt seinen Namen von dem italienischen Wort für Kümmel. Im Mittelalter war Comino ein Piratennest, bis Großmeister Wignacourt den Johanniter-Wachturm aus eigener Tasche finanzierte und den Comino-Kanal unter Kontrolle brachte. Von seiner schönsten Seite zeigt sich Comino im Frühjahr, wenn der Thymian die kahle Insel mit seinen lila Blüten schmückt.

Sehenswert: Hauptanziehungspunkt auf Comino ist die **Blaue Lagune** (Blue Lagoon), ein Kanal von nur etwa 120 m Breite zwischen Comino und einem vorgelagerten Riff namens Cominotto. Das Wasser hier ist glasklar und schillert in verschiedenen Türkisabstufungen. Obwohl der kleine Badeplatz schnell überlaufen ist, hat das Baden und Schnorcheln in dem riesigen Naturbassin seinen Reiz.

Originell, aber oft schon ziemlich in die Jahre gekommen: die Busse auf Malta

Anreise

Mit dem Flugzeug: Von zahlreichen Flughäfen in Deutschland gibt es täglich Charter- und Linienflüge nach Malta, u. a. von Lufthansa und Air Malta. Die Flugdauer beträgt zwei bis drei Stunden. Der internationale Flughafen von Malta liegt zwischen den Dörfern Luqa und Gudja, 10 km von Valletta entfernt. Malta International Airport:
Tel. 69 99 60 73/4
Flugauskunft: Tel. 21 24 96 99, 21 69 78 00
Flugpläne findet man auch im Internet unter: www.maltairport.com

Auskunft

In Deutschland: Fremdenverkehrsamt Malta, Schillerstraße 30 – 40, D-60313 Frankfurt, Tel. 069/28 58 90, 28 40 60, Fax 28 54 79, www.urlaubmalta.de, www.visitmalta.com

In Österreich: Fremdenverkehrsamt Malta, Opernring I/R/5/547, A-1010 Wien, Tel. 01/585 37 70, Fax 585 37 71
wien@urlaubmalta.com

In der Schweiz: Fremdenverkehrsamt Malta, Sumatrastraße 25, CH-8023 Zürich, Tel. 01/350 39 83, Fax 350 39 84
switzerland@urlaubmalta.com

Auf Malta: Malta Tourism Authority, Republic Street 280, Valletta CMR 02, Malta, Tel. 21 22 44 44/5, 22 50 48/9, Fax 21 22 04 01

Auf Gozo: Gozo Tourist Office, Independence Square, Victoria, Tel./Fax 21 56 41 04

Autofahren

Auf Malta herrscht Linksverkehr. Im Kreisverkehr hat der Fahrer, der sich im Kreis befindet, Vorfahrt. Im Großen und Ganzen gelten dieselben Verkehrsregeln und Verkehrszeichen wie in anderen europäischen Staaten. Alkohol am Steuer ist grundsätzlich verboten. Die Höchstgeschwindigkeit beträgt 64 km/h auf der Landstraße und 40 km/h in Ortschaften. Die Malteser selbst fahren sehr beherzt und nehmen es mit den Verkehrsregeln auch nicht immer so ganz genau – Vorsicht ist also geboten.

Botschaften und Konsulate

Deutschland: Botschaft, Il-Piazzetta, Tower Road, Sliema, Tel. 21 33 65 31, Fax 21 33 39 76

Österreich: Honorargeneralkonsulat, Palazzo Marina 143, Christopher Street, Valletta, Tel. 21 25 53 79, Fax 21 25 55 95

Schweiz: Konsulat, Zachary Street 6, Valletta, Tel. 21 24 41 59, Fax 21 23 77 50

Camping

Auf Malta gibt es keine Campingplätze, wildes Zelten ist verboten. Auf Como wird es am Strand, bei der Polizeistation, geduldet.

Essen und Trinken

200 Jahre arabische und 160 Jahre britische Fremdherrschaft sowie die geografische Nähe zu Italien haben die maltesische Küche geprägt. Die meisten Hotels und Restaurants auf Malta bieten heute eine internationale, englisch oder italienisch inspirierte Küche. Daneben findet man auf der Insel aber auch viele chinesische, indische und türkische Restaurants. Ausgiebig gegessen wird vor allem abends zwischen 18.00 und 24.00 Uhr. Manche Restaurants haben allerdings auch mittags zwischen 13.00 und 15.00 Uhr geöffnet. Snackbars und Imbissstuben bieten den ganzen Tag über einfache warme Gerichte wie Pizza, Spaghetti Bolognese, Hamburger oder Fish & Chips.

Überall auf der Speisekarte: Meeresfrüchte

Nachfolgend ein paar typische Gerichte der maltesischen Küche:

Aljotta: klare Fischsuppe mit Knoblauch oder Zwiebeln und gemischten Kräutern

Bigilla: pürierte braune und schwarze Bohnen mit Knoblauch, Chillis, Majoran und Minze. Eignet sich auch als Brotaufstrich

Bragioli: Rindfleischrouladen mit Oliven-, Speck-, Eier-, Brot- und Kräuterfüllung

Bringiel mimli fil-fan: mit Fleisch gefüllte Aubergine

Bzar ahdar mimli: mit Kapern, Minze, Oliven, Anchovis und Eiern gefüllte Paprika

Cernia: Seebarsch, gern mit Tomaten- und grüner Pfeffersauce serviert

Faqqieh bil-bejken: Pilze werden in einer kräftigen Rotweinsauce mit Speck serviert

Fenek: Kaninchen, gebraten oder im Teigmantel gebacken

Hobz biz-zejt: in Olivenöl geröstetes Weißbrot mit Tomaten, Zwiebeln, Knochlauch und Petersilie

Kabocci mimlija: die maltesische Art der Kohlrouladen ist mit Käse oder mit Hackfleisch gefüllt

Kappunata: Eintopf aus Zucchini, Auberginen, Kapern, Knoblauch, Paprika, Tomaten und Zwiebeln

Kawlatta: eine Gemüsesuppe mit maltesischer Wurst, Schweinebauch oder anderem Schweinefleisch

Minestra: Gemüsesuppe, sehr viel dicker und reichhaltiger als italienische Minestrone

Mqaret: Gebäck mit einer Füllung aus Dattelmark und Anis

Mqarrun fil-forn: Auflauf aus Makkaroni, Hackfleisch und Béchamelsauce

Pixxispad: Schwertfisch, vorzugsweise gegrillt

Qaqocc mimli: Artischockenherzen werden mit gekochtem Schinken oder Anchovis und einer weißen Sauce gefüllt.

Qarnita: Tintenfisch mit Oliven, Rosinen, Nüssen und Erbsen

Ravjul: maltesische Ravioli-Spielart mit Ricotta gefüllt

Ross-fil-forn: Reis mit Eiern, Zwiebeln und Hackfleisch überbacken

Soppa tal-armla: Gemüsesuppe mit einem kleinen runden, würzigen Käse (Gbejna)

Timpana: ähnlicher Auflauf wie Mqarrun filforn mit einer Blätterteighülle

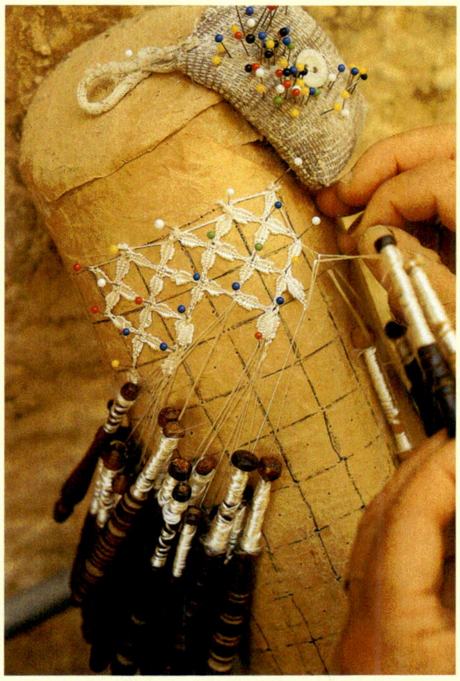

Handgearbeitetes Souvenir: geklöppelte Spitze

Torta tal-Lampuki: Lampuka wird zusammen mit verschiedenen Gemüsen von einer Teighülle umgeben

Tunnag: Tintenfischgerichte

Ein typisch maltesisches Erfrischungsgetränk ohne Alkohol ist Kinnie. Es wird aus Wasser, ungeschälten Orangen und Wermutkräutern zusammengemischt. Die maltesischen Weine sind überwiegend trocken, relativ alkoholreich und meist von mittlerer Qualität. Sie eignen sich vor allem als Tischwein und sollten als noch junge Tropfen getrunken werden (siehe Special S. 66/67). Weine der gehobenen Preisklasse, darunter der Verdala (rosé und weiß), erfüllen auch höhere Ansprüche. Die einheimischen Biersorten wie zum Beispiel Cisk Lager sind mit den englischen vergleichbar.

Feste und Feiertage

1. Januar (Neujahrstag), 10. Februar (Schiffbruch des hl. Paulus), 19. März (St. Josephstag), 31. März (Freiheitstag), März/April (Karfreitag), 1. Mai (Tag der Arbeit), 7. Juni (Sette Giugno), 29. Juni (St. Peter und Paul), 15. August (Mariä Himmelfahrt), 8. Sept. (Ende der Großen Belagerung), 21. Sept. (Unabhängigkeitstag), 8. Dez. (Mariä Empfängnis), 13. Dez. (Tag der Republik), 25. Dez. (erster Weihnachtsfeiertag)
Jede Gemeinde feiert zusätzlich zu den öffentlichen Feiertagen das Fest ihres Schutzheiligen.

Frauen

Allein reisende Frauen können sich auf den Inseln ohne besondere Vorsicht bewegen. Zurückhaltung bei der Strandkleidung ist aufgrund der religiösen Traditionen ratsam. Sonnenbaden ›oben ohne‹ ist offiziell nicht erlaubt.

Geld

Die Währung Maltas ist die Maltesische Lira (LM). Eine Lira ist in 100 Cents eingeteilt. 1 LM entsprechen etwa 2,37 Euro. Die meisten Hotels und Restaurants sowie viele Geschäfte akzeptieren internationale Kreditkarten wie Access, American Express, Carte Blanche, Diners Club International, Mastercard und Visa. Die Wechselkurse in Hotels und Geschäften sind im Allgemeinen ungünstiger als die der Banken. Banken und Geldautomaten findet man überall auf den Inseln.
Öffnungszeiten der Banken: Mo. bis Fr. 8.30 bis 12.30 Uhr, Sa. 8.30 – 11.30 Uhr.

Gesundheit

Ärztliche Versorgung: Die Krankenhäuser auf Malta sind modern ausgestattet und werden von einem Netz regionaler Gesundheitszentren unterstützt. Da der ausländische Patient die Behandlungskosten selbst übernehmen muss, empfiehlt sich der Abschluss einer Reisekrankenversicherung.

Risiken: Es bestehen keine besonderen Gesundheitsrisiken. Das Leitungswasser ist unbedenklich. Aufgrund der hohen Verkehrsdichte sollten sich Asthmatiker nicht in den dicht besiedelten Stadtgebieten einquartieren, sondern in einem der Hotels an der Südküste Maltas oder auf Gozo.

Krankenhäuser: St. Luke's Hospital, St. Luke's Road, Msida, Malta, Tel. 21 24 12 51, Fax 21 24 01 76, Craig Hospital, Victoria, Gozo, Tel. 21 56 16 00, Fax 21 56 08 81

Hafen

Kreuzfahrtschiffe gehen im Grand Harbour von Valletta vor Anker. Der Lascaris-Kai des Hafens wurde vergrößert und wird zurzeit als Terminal mit Dutyfree-Shops ausgebaut.

Haustiere

Hunde und Katzen dürfen nicht ohne Genehmigung des Director of Veterinary Services eingeführt werden. Der Einfuhrantrag sollte mindestens 6 Wochen vor Reiseantritt gestellt werden (Tel. 21 22 56 38, 21 22 59 30, Fax 21 23 81 05).

Kinder

Wer mit Kindern nach Malta reist, sollte vor allem daran denken, dass die Sonneneinstrahlung dort sehr groß ist, und für genügend Sonnenschutz sorgen. Die flachen Sandstrände auf Malta (zum Beispiel Mellieha Bay und Golden Bay), auf Gozo (Ramla Bay) und Comino sind kinderfreundlich. In den Touristenhochburgen Sliema, St. Julian's und St. Paul's Bay findet man dagegen nur Felsstrände, die für Kinder nicht besonders geeignet sind.

Literaturempfehlungen

Reiseführer: Baedeker Allianz Reiseführer Malta, 6. Auflage 2003; detaillierte Infos zu allen Landschaften und Orten auf Malta, Gozo und Comino.

Unterhaltung: Regelrechte Klassiker sind die Bücher von Ernle Bradford: ›Das Schild Europas. Der Kampf der Malteserritter gegen die Türken‹, ›Kreuz und Schwert‹ und ›Bastion im Mittelmeer. Die Belagerung Maltas 1940 bis 1943‹ sowie ›Reisen mit Homer‹. Als bel-

Sonnenanbeter sind auf Malta genau richtig

letristische Ergänzung seien die Romane ›Der Kaplan von Malta‹ von Nicholas Monsarrat und ›Der Malteser Falke‹ von Dashiell Hammett empfohlen. Der Rowohlt-Taschenbuchverlag hat das Buch ›Märchen griechischer Inseln und Märchen aus Malta‹ herausgegeben. Einige der empfohlenen Bücher sind auch auf Malta erhältlich.

Sachbuch: Wer sich ein Urteil bilden will, ob der Apostel Paulus auf Malta gestrandet ist, dem sei ›War Paulus wirklich auf Malta?‹ von Heinz Warnecke empfohlen.

Notrufnummern

Polizei : 191
Krankenwagen: 196

Öffnungszeiten

Staatliche Museen und Sehenswürdigkeiten sind – soweit nicht anders angegeben – zu folgenden Zeiten geöffnet: 1. Okt. bis 15. Juni Mo. bis Sa. 8.15 – 17.00, So. 8.15 – 16.15 Uhr (an Feiertagen geschl.); 16. Juni bis 30. Sept. täglich 7.45 – 14.00 Uhr. Einheitlichkeit herrscht auch in Bezug auf die Eintrittspreise bei den Besichtigungsstätten unter staatlicher Leitung: 1 LM pro Person, Personen unter 18 Jahre und über 65 Jahre haben freien Eintritt. Für Rentner ist der Eintritt ebenfalls frei.
Geschäfte sind 9.00 – 13.00 und 16.00 – 19.00 Uhr geöffnet. In Touristengebieten haben viele Geschäfte auch bis 20.00 Uhr geöffnet.
Apotheken sind zusätzlich an Sonntagen im Wechsel 9.00 – 12.00 Uhr auf Malta und 7.30 bis 11.00 Uhr auf Gozo geöffnet.

Post

Das Hauptpostamt befindet sich in 305, Qormi Road, Qormi (Mo.–Sa. 7.45 – 18.30 Uhr im Winter, 7.30 – 18.00 Uhr im Sommer). Das Hauptpostamt in Gozo befindet sich in Republic Street 129, Victoria.

Radfahren

In den städtischen Gebieten auf Malta ist Radfahren nicht zu empfehlen. Obwohl es auf dem maltesischen Archipel keine hohen Berge gibt, sollte man die Steigungen nicht unterschätzen.

In den Juweliergeschäften von Valletta ist die Auswahl groß

Reisedokumente

EU-Bürger brauchen für einen Aufenthalt bis zu 3 Monaten nur den Personalausweis.

Reisezeit

›Adieu Schirokko, Sonne und Schweiß‹, schrieb 1811 ein zornmütiger Lord Byron über Valletta.

Valletta	Tages-temp.	Nacht-temp.	Wasser-temp.	Tage mit Nieder-schlag	Sonnen-stunden pro Tag
Januar	15°	10°	15°	14	5
Februar	16°	10°	14°	11	6
März	17°	11°	15°	9	7
April	19°	13°	15°	6	8
Mai	23°	16°	18°	3	10
Juni	28°	19°	21°	1	11
Juli	31°	22°	24°	0	12
August	31°	23°	25°	1	11
September	28°	22°	24°	4	9
Oktober	24°	19°	22°	10	7
November	20°	16°	19°	11	6
Dezember	17°	12°	17°	14	5

Durchschnittswerte — Quelle: Deutscher Wetterdienst, Hamburg

Der Frühling erblüht auf Malta schon im Februar. Dann wird die Insel grün, aber es wehen zuweilen bis in den April hinein recht kräftige Winde. Der Sommer auf Malta ist heiß und trocken, der Winter mild mit seltenen Regenschauern. Von Mai bis Oktober kann man im Meer baden.

Schifffahrten

Die Inseln Maltas sind durch regelmäßigen Fährverkehr sowie durch Hubschrauberflüge miteinander verbunden. Die Fährschiffe sind modern, sauber und gut ausgestattet. Außerdem werden in den Touristenbüros zahlreiche Schiffsausflüge angeboten.

Souvenirs

Neben Gold- und Silberschmiedearbeiten stehen vor allem die Glas- und die Töpferwaren als Souvenirs hoch im Kurs. Die meisten Juweliere finden Sie in der Santa Lucija Street in Valletta. Auch Korbwaren und Wickermöbel werden von Handwerkern vor Ort hergestellt. Die typischen Bambusjalousien an Türen und Fenstern nennt man auf Malta ›Hasira‹. Schöne und nützliche Mitbringsel sind auch handgestrickte klassische Wollpullover und Decken aus feinster Klöppelspitze. Als kulinarische Erinnerung bieten sich Thymianhonig aus Gozo, sonnengetrocknete Tomaten, Oliven, Feigen, Kapern, der gepfefferte Schafskäse Gbejniet oder honigsüßes Halwa an. Auf Dorffesten findet man eine große Auswahl an Nougat. Viele Besucher lieben die mal-

Reisedaten Malta

Flug von Deutschland	Inlandsverkehr	Reisepapiere	Devisen	Mietwagen	Benzin	Hotel	Ferienhaus	Menü	Einfaches Essen	Ortszeit
Frankfurt/M.–Valletta 150 – 400 €	Busfahrt Valletta–St. Julian's 0,45 €	Personalausweis oder Reisepass	1 LM = 2,37 €	ab 18 € pro Tag (unbegrenzte Kilometer, Versicherung)	In der Regel 1 Liter ± 0,2 € zu Deutschland	Do/Frühstück: Luxuskat. ab 125 €, Mittelklasse ab 50 €	Hochsaison Woche ab: einfach 360 €, mittel 560 €, Luxus 1200 €	3 Gänge mit Wein pro Pers. ab 13 €, Luxus ab 25 €	Mittags-Buffet ab 8 €	MEZ/MSZ

GESCHICHTE

- **5000–4500 v. Chr.** Erste Besiedlung auf Malta, belegt durch Fundstücke in der Dalam-Höhle.
- **4500–3800 v. Chr.** Erste Megalithkultstätten auf Malta. Nach Keramikfunden teilt man diese Periode in die ›graue‹ und ›rote‹ Skorbaphase. Die Bewohner leben halbnomadisch, zum Teil in Höhlen oder in einfachen Hütten im Familienverband. Sie betreiben Feldanbau und Nutztierhaltung.
- **3800–2500 v. Chr.** Während der Hochphase der Tempelkultur (Kupferzeit) entstehen u.a. in Tarxien, Hagar Qim und Mnajdra sowie in Ggantija auf Gozo Tempelanlagen. Ebenfalls in diese Phase fällt der Bau des Hypogäums von Hal Saflieni.
- **2500 v. Chr.** Untergang dieser Kultur vermutlich durch eine Katastrophe. Die Inseln bleiben mehrere Jahrhunderte unbesiedelt.
- **2500–1500 v. Chr.** Bronzezeit: Bei weitem niedrigere Kulturstufe trotz der Nutzung des Metalls.
- **1500–800 v. Chr.** Die Menschen leben in befestigten Dörfern. Blüte der Eisenzeit während der Phasen Borg in-Nadur und Bahrija.
- **800–218 v. Chr.** Keramikfunde aus dem kretischen Mykene. Die phönizisch-punische Kultur durchdringt das Land. Im Verlauf der Punischen Kriege zwischen Karthago und Rom erobert Rom die Inseln.
- **60 n. Chr.** Legendärer Schiffbruch des Apostels Paulus, vermutlich auf den St. Paul's Eilands in der St. Paul's Bay – vieles spricht dafür und einiges dagegen.
- **395** Durch die Teilung des Römischen Reiches wird die Insel oströmisch-byzantinisches Gebiet.
- **870** Malta fällt unter die Herrschaft der Aghlabiden von Kairouan (Tunesien). Revolutionierung der Landwirtschaft (Terrassenfeldanbau) und der Bewässerung.
- **1127** Nach mehreren Feldzügen erobern die Normannen unter Roger II. Malta.
- **1194** Die Hohenstaufer erben Malta.
- **1268–1284** Das französische Haus Anjou beherrscht die Insel. Es verliert Malta nach einer Seeschlacht vor Valletta an Aragon (Spanien). Malta wird mit Sizilien zu einem Königreich vereint.
- **1416–1469** Durch Heirat gelangen die maltesischen Inseln unter kastilische Herrschaft und werden spanischer Besitz.
- **1530–1532** Karl V. überträgt die Inselgruppe dem Ritterorden der Johanniter.
- **1551–1565** Nachdem Piraten 1551 Gozo verwüstet haben, werden große Anstrengungen unternommen, um Malta zu befestigen.
- **1565** 18 000 Ritter unter Großmeister Jean Parisot de la Valette verteidigen fünf Monate lang die Insel gegen ein 40 000 Mann starkes türkisches Heer.
- **1566** Valletta wird gegründet.
- **1601–1622** Kulturelle Blüte unter Großmeister Alof de Wignacourt.
- **1768** Gründung der Universität Malta.
- **1798** Napoleon I. landet auf Malta. Der letzte Großmeister kapituliert.
- **1799–1800** Britische Blockade durch Admiral Nelson, Aufstände der Malteser gegen die Franzosen.
- **1814** ›Friede von Paris‹: Malta wird Kronkolonie von England und ein strategisch wichtiger Standort im Mittelmeerraum. Englisch wird Amtssprache.
- **1887** Als ersten Schritt in Richtung Selbstverwaltung erhält Malta eine neue Verfassung.
- **1940–1942** In der Schlacht um Malta werden die Inseln von deutschen und italienischen Flugzeugen stark bombardiert. 1250 Menschen sterben, viele Orte werden zerstört. Malta spielt im Zweiten Weltkrieg eine entscheidende Rolle.
- **1964** Malta erklärt seine staatliche Unabhängigkeit, bleibt aber Mitglied des Commonwealth.
- **1979** Die letzten britischen Truppen verlassen Malta.
- **1987** Die Neutralität Maltas wird in der Verfassung festgeschrieben.
- **1989** Malta-Gipfel zwischen den Staatschefs Bush sen. und Gorbatschow.
- **1990** Im Juli beantragt Malta offiziell den Beitritt zur EU.
- **2003** Die Bürger Maltas entscheiden sich für den Beitritt zur EU.

tesischen Pastizzi-Snacks. Auch unter den maltesischen Spitzenweinen finden sich einige Raritäten, die sich als Souvenir eignen.

Sport

Golf, Tennis, Reiten, Segeln, Baden, Windsurfen und vor allem Tauchen – die Sportmöglichkeiten auf Malta sind groß. Maltas Reitzentrum liegt in Marsa. Ausritte kann man direkt vom Hotel oder von einer Reitschule organisieren lassen. Zuschauersportarten mit traditionell großem Zulauf sind Pferderennen (Trabrennen) und Fußball.

Sprache

Das Malti, die Sprache der Malteser, ist ein kurioser Sonderfall innerhalb der europäischen Sprachen. Eigentlich ist es eine semitische Sprache. In seiner Laut- und Wortbildung sowie in seiner Grammatik zeigt es eine große Ähnlichkeit zu arabischen Dialekten. Während des Mittelalters und unter der Herrschaft des Johanniterordens reicherte sich das Malti mit Lehnwörtern aus den romanischen Sprachen an. Malti ist die einzige Sprache semitischen Ursprungs, die in lateinischen Schriftzeichen geschrieben wird. Erst 1934 wurde es neben dem Englischen als Amtssprache anerkannt. Zwecks leichterer Lesbarkeit haben wir in diesem Buch die maltesischen Schriftzeichen der allgemeinen lateinischen Schreibweise angepasst.
Wer sich über die maltesische Sprache näher informieren oder sie gar lernen möchte, dem sei zum Einstieg das Taschenbuch „Sprechen Sie Maltesisch?“ von Brigitte Ohk, Kimmik International, Qormi, Malta, empfohlen (ISBN 00009-969-0-3). Es wird in den Buchhandlungen Maltas verkauft.

Stromversorgung

Das Stromnetz auf Malta führt 240 Volt Wechselstrom. Stecker sind rechteckig mit drei Stiften – wie in Großbritannien. Adapter sind überall erhältlich, einfache werden für wenige Cents angeboten.

Taxis

Die Taxis auf Malta sind mit einem Taxameter ausgestattet, die Fahrtarife werden staatlich kontrolliert. Wenn der Taxameter nicht eingeschaltet ist, sollten Sie sich vor Beginn der Fahrt auf den Preis einigen!
Taxen am Flughafen arbeiten nach folgendem System: In der Ankunftshalle kauft man vor Beginn der Fahrt am Taxi-Fahrscheinschalter einen Fahrschein, der das Fahrtziel und die bezahlte Gebühr anzeigt.

DATEN UND FAKTEN

- **Landesnatur:** Malta liegt ca. 90 km südlich von Sizilien und ca. 320 km östlich von Tunesien. Mit einer Flächenausdehnung von 316 km² ist der Archipel nahezu halb so groß wie Hamburg. Die Hauptinsel Malta ist 27 km lang und 15 km breit. Landschaftlich ähneln die maltesischen Inseln dem südlichen, kargen Teil Siziliens. Sie sind Reste einer Landbrücke aus Kalkstein zwischen Sizilien und Nordafrika. Die höchste Erhebung beträgt 253 m. Es gibt nur einen Wald (Buskett Gardens) auf Malta. In dem milden Klima gedeihen Mandeln, Aprikosen, Trauben, Zitrusfrüchte, Tomaten, Erdbeeren, und Mispeln sowie Getreide, Feigen und Baumwolle. Die trockenen, felsigen Inseln sind mit ihren Feldmauern, Disteln und Feldblumen ein idealer Lebensraum für Reptilien (Eidechsen, ungiftige Schlangen, Mauergeckos und Schildkröten). Maltas Tierparadies liegt jedoch unter Wasser. Die submarine Landschaft ist geprägt von Steilabfällen, Felskaminen und Höhlenlabyrinthen sowie flachen Felsenriffen mit einer abwechslungsreichen Fauna und Flora.
- **Staat und Verwaltung:** Am 21. Dezember 1964 wurde Malta als unabhängiges Vollmitglied in den Commonwealth aufgenommen (zunächst als Monarchie unter der britischen Königin, seit 1974 als Republik). Die Regierung wird vom Ministerpräsidenten und dem Kabinett gebildet, der Präsident hat v. a. repräsentative Funktion. Das maltesische Parlament (65 - 69 Abgeordnete) wird alle fünf Jahre gewählt. Der für das Jahr 2004 geplante EU-Beitritt wurde im Februar 2003 mit knapper Mehrheit von den Maltesern gebilligt.
- **Bevölkerung:** Malta zählt etwa 379 000 Einwohner. Aufgrund der hohen Arbeitslosigkeit sind in den vergangenen Jahrzehnten viele Malteser ausgewandert. Viele Malteser leben verstreut in der ganzen Welt, vor allem in Amerika und Australien. Die Mehrheit der Bevölkerung ist römisch-katholisch. Amtssprachen sind Maltesisch und Englisch. Viele Malteser sprechen auch Italienisch.
- **Wirtschaft:** Das Rückgrat der maltesischen Wirtschaft bildet der Tourismus. Fast 40% aller Deviseneinnahmen bezieht das Land aus dem Fremdenverkehr, Tendenz steigend. Ein weiterer wichtiger Wirtschaftszweig ist der Schiffsbau. Landwirtschaft und Fischfang machen nur einen sehr geringen Prozentsatz aus. Die Industrie produziert u. a. Nahrungsmittel, Möbel, Holz- und Druckerzeugnisse, Tabakprodukte sowie Kunststoffe. Da das Land sehr dicht besiedelt und der Boden nicht sehr fruchtbar ist, muss Malta die meisten seiner Lebensmittel importieren.

TELEFON

Die nationale Telefongesellschaft auf Malta ist Maltacom. In der Maltacom-Niederlassung in St. George's Bay (St. Julian's) kann man rund um die Uhr ins Ausland telefonieren, Faxe verschicken und ins Internet gehen. Das Telefonieren vom Hotelzimmer sollte man möglichst vermeiden. Viel preiswerter kann man mit einer Telefonkarte von einer Telefonzelle telefonieren – auch ins Ausland. Viele Hotels bieten Faxanschluss und Zugang zum Internet. Auch gibt es mittlerweile viele Internetcafés auf Malta.

Nützliche Telefonnummern: 191 Polizei, 196 Krankenwagen, 199 Feuerwehr, 190 Telefonauskunft, 194 Auslandsvermittlung, 195 Zeitansage

Vorwahlen: nach Deutschland: 0049, nach Österreich: 0043, in die Schweiz: 0041, nach Malta: 00356

An den Kais von Senglea werden die großen Schiffe gewartet

TRINKGELD

Als Trinkgeld gibt man normalerweise 10 –15% des Rechnungsbetrages, es sei denn, der Bedienungszuschlag erscheint auf der Rechnung. Taxifahrer erwarten kein Trinkgeld, Portiers erhalten 10 bis 15 Cents.

VERKEHRSMITTEL

Auf Malta gibt es keine Zugverbindungen. Die Bahnlinie aus Kolonialzeiten ist schon lange nicht mehr in Betrieb. Das Busnetz dagegen ist sehr gut ausgebaut. Für wenige Cents kann man die Insel im Bus durchqueren. Beim Einsteigen sollte man Kleingeld bereithalten! Es gibt auch Tages- und Wochenkarten. Auf Gozo verkehren nicht so viele Busse wie auf Malta – besonders nicht in den Abendstunden. Infos findet man unter: www.maltatransport.com.

ZEIT

Auf Malta gilt mitteleuropäische Zeit (MEZ), von März bis Oktober Sommerzeit.

ZOLLBESTIMMUNGEN

Der Export von Kunstgegenständen, die mehr als 50 Jahre alt sind, bedarf einer Genehmigung des Museums Departments in Valletta (Tel. 21 25 18 74)

Register

Fette Ziffern verweisen auf Abbildungen.

Zeichenerklärung

Autoatlas

Zweibahnige Straße (vierspurig)
Hauptstraße
Nebenstraße
Sonstige Straße
Fahrweg
Fußweg
Wanderweg (Auswahl)
Straßentunnel
Straßenbrücke
Autofähre
Schifffahrtslinie
Saisonal trockenes Gewässer
Höhenlinie
Böschung, Steilküste
Rundblick - Schöner Ausblick
Kultur - Malerisches Ortsbild — Marsaxlokk
Kultur - Eine Reise wert — ★★ Hagar Qim
Kultur - Lohnt einen Umweg — ★ Mġarr
Kultur - Sehenswert — Casa Leoni
Landschaft - Eine Reise wert — ★★ Dingli Cliffs
Landschaft - Lohnt einen Umweg — ★ Marfa Ridge
Landschaft - Sehenswert — Ghar Hasan Ca
Info - Hinweis
Badestrand, Schwimmbad - Denkmal
Golfplatz - Jachthafen
Kirche - Kapelle
Schloss, Fort, Burg - Kloster
Turm - Leuchtturm
Windmühle - Höhle
Bedeutendes Bauwerk - Areal
Festungswall
Ausgrabungs- u. Ruinenstätte
Sonstiges landschaftliches Objekt
Hotel, Gasthaus
Jugendherberge
Verkehrsflughafen - Flugplatz
Geschäftsstelle des Automobilclubs — TCM

Impressum

Verlag: HB Verlag, Marco-Polo-Zentrum, 73760 Ostfildern, Postfach 3151, 73751 Ostfildern, Tel. 0711/4502-0, Fax 0711/4502-135, www.hb-verlag.de, hb@mairs.de
Geschäftsführer: Dr. Thomas Brinkmann, Dr. Stephanie Mair-Huydts

Chefredaktion und Programmleitung: Rainer Eisenschmid, Birgit Borowski
Redaktion: Andrea Wurth
Text: Gabriele Walter, Königswinter
Exklusiv-Fotografie: Markus Kirchgessner, Frankfurt
Titelbild: Bildagentur laif/Kirchner (Fischerboot)
Grafische Konzeption und Layout: CYCLUS · Visuelle Kommunikation, Stuttgart
Kartografie: © Mairs Geographischer Verlag, Ostfildern
HB Bildatlas Fotoservice: HB Verlag, Marco-Polo-Zentrum, 73760 Ostfildern, Tel. 0711/4502-266, Fax 0711/4502-1006, nebel@mairs.de

Für die Richtigkeit der in diesem HB Bildatlas angegebenen Daten – Adressen, Öffnungszeiten, Telefonnummern usw. – kann der Verlag keine Garantie übernehmen. Nachdruck, auch auszugsweise, nur mit vorheriger Genehmigung des Verlages. Erscheinungsweise: monatlich.

Anzeigenalleinverkauf: KV Kommunalverlag GmbH & Co. KG, Postfach 810565, 81905 München, Tel. 089/928096-14 oder -21, Fax 089/928096-38
Vertrieb Zeitschriftenhandel: Partner Pressevertrieb GmbH, Postfach 810420, 70521 Stuttgart, Tel. 0711/7252-227, Fax 0711/7252-310
Vertrieb Abonnement: Zenit Pressevertrieb GmbH, Postfach 810640, 70523 Stuttgart, Tel. 0711/7252-265, Fax 0711/7252-333, hbverlag@zenit-presse.de
Vertrieb Buchhandel und Einzelhefte: Mairs Geographischer Verlag, Marco-Polo-Zentrum, 73760 Ostfildern, Tel. 0711/4502-0, Fax 0711/4502-340
Reproduktionen: Otterbach Medien KG GmbH & Co., Rastatt
Druck und buchbinderische Verarbeitung: Echter Druck GmbH, Würzburg. Printed in Germany

ISBN 3-616-06159-8

Die Stadt Münster mit ihren prächtigen historischen Bauten ist nur ein Aspekt im Land der Wasserschlösser und der Pferde. Speziell ›Drahtesel‹ eignen sich, um auf gut angelegten Wegen entlang gemütlicher Flüsse und Kanäle Aktivurlaub und Kulturtrip zu verbinden.

Zwischen Aachen und Bitburg, Monschau und Maria Laach liegt ein geheimnisvolles Bergland mit weiten Hochmooren, dichten Wäldern, erloschenen Vulkanen und hübschen Orten. Die Entdeckungstour durch die Eifel führt in eine weitgehend unbekannte Region.

Endlose Sandstrände und grandiose Bergketten, unberührte Wildnis, einsame Wüsten und zauberhafte Städte, die gleichermaßen geprägt sind von Innovation und Tradition – Südafrika, das schönste Ende der Welt, fasziniert durch seine fast unendliche Vielfalt.

Lieferbare Ausgaben

HB Bildatlas

DEUTSCHLAND

227 Allgäu
198 Altmühltal
204 Bayerischer Wald
235 Berlin
235 Berlin (englische Ausgabe)
185 Bodensee
111 Brandenburg
178 Chiemgau · Berchtesgadener Land
145 Dresden · Sächsische Schweiz
256 Eifel · Aachen
133 Elbe und Weser
163 Erfurt · Weimar · Nördliches Thüringen
171 Erzgebirge · Vogtland · Chemnitz
190 Fichtelgebirge · Frankenwald · Coburger Land
242 Frankfurt · Taunus · Rheingau
125 Fränkische Schweiz
253 Hamburg
253 Hamburg (engl. Ausgabe)
73 Hannover · Braunschweiger Land
129 Harz
188 Hessisches Bergland
234 Hunsrück · Naheland · Rheinhessen
233 Leipzig · Halle · Magdeburg
209 Lüneburger Heide
137 Mainfranken
179 Mecklenburgische Seen
240 Mecklenburg-Vorpommern
151 Mittelfranken
249 Mosel
165 München
255 Münsterland · Münster
153 Nördlicher Schwarzwald
159 Nordseeküste Schleswig-Holstein
196 Oberbayern zwischen Lech und Inn
143 Odenwald · Kraichgau · Bergstraße
219 Osnabrücker Land · Emsland · Oldenburger Münsterland · Grafschaft Bentheim
155 Ostbayern zwischen Donau und Inn
211 Ostfriesland · Oldenburger Land
168 Ostseeküste Mecklenburg-Vorpommern
157 Ostseeküste Schleswig-Holstein
215 Pfalz
194 Potsdam · Havelland
149 Rhein und Ruhr
243 Rhein zwischen Köln und Mainz
127 Rhön
208 Rügen · Usedom · Hiddensee
161 Saarland
78 Sachsen
114 Sachsen-Anhalt
200 Schwäbische Alb
147 Spessart
214 Spreewald · Lausitz · Märkisch-Oderland
247 Südlicher Schwarzwald
224 Sylt · Amrum · Föhr
182 Tauber und Neckar · Stuttgart · Heilbronn · Rothenburg
173 Teutoburger Wald · Ostwestfalen
94 Thüringen
141 Thüringer Wald
202 Trier
237 Weserbergland

BENELUX

246 Amsterdam
187 Flandern · Brüssel
146 Holland: Inseln · Küste
62 Luxemburg

FRANKREICH

160 Atlantikküste
122 Bretagne
217 Burgund
225 Côte d'Azur · Monaco
222 Elsass
221 Korsika
132 Normandie
229 Paris
192 Provence
184 Südfrankreich · Languedoc-Roussillon

GRIECHENLAND

193 Athen · Peloponnes
140 Griechische Inseln: Kykladen
189 Korfu · Ionische Inseln
228 Kreta
104 Rhodos · Dodekanes
166 Zypern

GROSSBRITANNIEN · IRLAND

158 Irland
197 Kanalinseln
175 London
231 Nordengland
144 Schottland
241 Südengland
216 Wales

ITALIEN · MALTA · KROATIEN

195 Adriaküste · Emilia-Romagna
239 Gardasee · Trentino
156 Golf von Neapel · Kampanien
74 Italienische Riviera · Genua
238 Kroatische Adriaküste
254 Malta
210 Mittelitalien: Marken · Umbrien · Abruzzen
142 Oberitalienische Seen · Lombardei · Mailand
230 Piemont · Aostatal
226 Rom
136 Sardinien
232 Sizilien
201 Süditalien: Apulien · Basilikata
207 Südtirol
167 Toskana · Florenz
181 Venedig · Venetien · Friaul · Triest

MITTEL- UND OSTEUROPA

164 Böhmen
138 Budapest
148 Danzig · Ostsee · Masuren
248 Prag
152 St. Petersburg
244 Südpolen

ÖSTERREICH

162 Burgenland
170 Kärnten
199 Niederösterreich · Wachau
218 Oberösterreich
220 Salzburger Land · Salzkammergut · Salzburg
66 Steiermark · Graz
174 Tirol
47 Vorarlberg
206 Wien

SCHWEIZ

154 Basel · Bern · Aargau · Solothurn
172 Tessin
191 Westschweiz
72 Zentral- und Ostschweiz

SPANIEN · PORTUGAL

236 Algarve · Lissabon
223 Andalusien
150 Costa Blanca
109 Costa Brava · Katalonien
176 Gran Canaria · Fuerteventura · Lanzarote
213 Ibiza · Formentera · Menorca
245 Lanzarote
134 Madrid
212 Mallorca
203 Nordportugal
205 Nordspanien
177 Teneriffa · La Palma · Gomera · Hierro

SKANDINAVIEN

183 Bornholm
186 Jütland
180 Nordnorwegen
169 Südfinnland · Helsinki
106 Südnorwegen
250 Südschweden · Stockholm

TÜRKEI

252 Türkische Mittelmeerküste

AUßEREUROPÄISCHE ZIELE

251 Kanadas Westen
257 Südafrika

HB Bildatlas Euro-Special

13 Belgien
6 Dänemark
15 Deutschland
15 Germany (englisch)
8 England · Wales
17 Finnland
1 Frankreich
7 Griechenland
2 Italien
10 Niederlande
11 Norwegen
5 Österreich
14 Polen
9 Portugal
12 Schweden
4 Schweiz
3 Spanien
16 Tschechien
18 Ungarn

HB Bildatlas Special

AFRIKA · NAHER OSTEN

67 Ägypten
64 Arabien: V. A. Emirate · Oman · Kuwait · Qatar · Bahrain
52 Indischer Ozean: Madagaskar · Mauritius · La Réunion · Seychellen · Komoren
17 Israel
47 Jemen
29 Jordanien
15 Kenia
72 Marokko
61 Namibia
41 Syrien
71 Tunesien · Libyen

AUSTRALIEN · OZEANIEN

45 Australien: Melbourne · Tasmanien · Westen
27 Australien: Ostküste
18 Neuseeland
38 Südsee

EUROPA

7 Island
54 Madeira · Azoren · Kapverden

SÜD- UND SÜDOSTASIEN · FERNER OSTEN

12 Bali · Lombok · Java
25 Himalaya
10 Hongkong
53 Indien: Rajasthan · Delhi · Agra
39 Indien: Südindien
23 Japan
43 Peking
69 Philippinen
19 Singapur · Malaysia
34 Sri Lanka und Malediven
49 Südkorea
70 Thailand
36 Vietnam

SÜD- UND MITTELAMERIKA · KARIBIK

44 Argentinien
30 Brasilien: Rio und die Küste· Minas Gerais
57 Chile
55 Dominikanische Republik · Haiti
63 Ecuador und Galápagos-Inseln
60 Jamaika
9 Karibik
65 Kleine Antillen: Antigua · Guadeloupe · Martinique · Barbados u. a.
33 Kuba
73 Mexiko
40 Mittelamerika: Guatemala · El Salvador · Honduras · Belize
51 Peru
28 Venezuela

USA · KANADA

58 Alaska
48 Chicago und die Großen Seen
62 Florida
24 Hawaii
2 Kalifornien
32 Kanadas Osten
68 Las Vegas · Grand Canyon
31 Nationalparks
46 Neuengland · Boston
20 New Orleans und die Südstaaten
5 New York
35 Nordkalifornien · San Francisco
56 Nordwesten: Washington · Oregon
50 Rocky Mountains
66 Route 66
42 Südkalifornien · Los Angeles
37 Südstaaten · Washington D. C.
26 Südwesten: Nevada · Utah · Arizona · New Mexico
59 Texas

Überall im Pressefachhandel, Buchhandel und Bahnhofsbuchhandel erhältlich oder zu bestellen unter
Telefon 0711/4502-0,
Fax 0711/4502-340

PRESSE

PRESSE & BUCH IM BAHNHOF